주님의 기도

ANSELM GRÜN
Vaterunser

© 2009 Vier-Türme GmbH, Verlag, D-97359 Münsterschwarzach Abtei.
All rights reserved.

Translated by LEE JONG-HAN
Korean translation copyright © 2015 by Benedict Press, Waegwan, Korea.

Korean translation rights arranged with Vier-Türme GmbH, Verlag.

주님의 기도

2015년 7월 31일 교회 인가
2015년 8월 13일 초판 1쇄
2019년 10월 25일 초판 6쇄

지은이	안셀름 그륀
옮긴이	이종한
펴낸이	박현동
펴낸곳	성 베네딕도회 왜관수도원 ⓒ 분도출판사
찍은곳	분도인쇄소

등록	1962년 5월 7일 라15호
주소	04606 서울 중구 장충단로 188 분도빌딩 102호(분도출판사 편집부)
	39889 경북 칠곡군 왜관읍 관문로 61(분도인쇄소)
전화	02-2266-3605(분도출판사)·054-970-2400(분도인쇄소)
팩스	02-2271-3605(분도출판사)·054-971-0179(분도인쇄소)
홈페이지	www.bundobook.co.kr

ISBN 978-89-419-1513-3 03230

이 책의 한국어판 저작권은 Vier-Türme GmbH-Verlag과 독점 계약한 분도출판사에 있습니다.
저작권법에 의해 한국 내에서 보호를 받는 저작물이므로 무단 전재와 무단 복제를 금합니다.

+ 가장 아름답고 완전한 기도

주님의 기도

안셀름 그륀

이종한 옮김

분도출판사

차례

주님의 기도 – 믿음과 참된 삶으로의 안내 7

주님의 기도 해석 13
    그리스도교 영성을 사사화私事化하는 위험 17
    산상 설교에 바탕한 주님의 기도 해석 20

주님의 기도 25
    하늘에 계신 저희 아버지 25
    아버지의 이름을 거룩히 드러내소서 41
    아버지의 나라가 오게 하소서 54
    아버지의 뜻이 하늘에서와 같이 땅에서도 이루어지게 하소서 81
    오늘 저희에게 일용할 양식을 주소서 100
    저희에게 잘못한 이를 저희도 용서하였듯이,
    저희 잘못을 용서하소서 111
    저희를 유혹에 빠지지 않게 하소서 124
    저희를 악에서 구하소서 137

루카 복음서의 가르침   143
   예수님 - 기도하는 인간   145
   벗이요 아버지이신 하느님께 드리는 신실한 기도   155
   곤경으로부터의 기도   161
   기도의 위험성   166
   공동체의 기도   170

주님의 기도에 따라 살기   183

참고문헌   189

【일러두기】
1. 성경 인용문과 인명·지명은 원칙적으로 『성경』(한국 천주교 주교회의 2005)을 따르되, 문맥에 따라 다듬었다.
2. 교부시대 인명·지명은 『교부학 인명·지명 용례집』(분도출판사 2008)을 따랐다.

주님의 기도 – 믿음과 참된 삶으로의 안내

주님의 기도는 그리스도교가 처음 싹틀 때부터 사람들을 매혹해 왔다. 2세기 교부 테르툴리아누스는 주님의 기도를 일컬어 복음 전체의 요약이라 했다. 이 기도에서 우리는 예수 그리스도와 그분의 기쁜 소식을 만날 수 있다. 3세기 카르타고의 주교 키프리아누스는 주님의 기도를 천국에 대한 가르침의 편람便覽이라 칭하며, 이 기도를 대체로 교리적으로 해석했다. 그리스도교의 가장 중요한 교리들이 주님의 기도에 명시되어 있다는 것이었다. 게다가 우리는 이 기도를 통해 우리가 가진 믿음의 속 깊은 곳을, 곧 신비를 묵상할 수 있다.

4세기 교부 니사의 그레고리우스는 주님의 기도를 해석할 때 오히려 윤리적 측면을 강조했다. 그레고리우스에게 주님의 기도는 "하느님께 몸 바친 삶으로의 안내"(Luz 339 에서 재인용)이며, 따라서 참되고 합당한 삶에 도움이 된다. 바로 이런 삶이 우리를 참된 사람이 되게 한다.

우리 그리스도인은 주님의 기도를 매일같이 바친다. 하지만 흔히는 습관적 행동에 그친다. 내용도 잘 모르면서 그저 기도문만 외기 일쑤다. 어떤 이들은 기도 속 청원이 이해되지 않아 마음이 불편하고, 또 어떤 이들은 기도문의 말마디가 공허하고 낯설기만 하다.

하지만 잊어서는 안 된다. 수많은 그리스도인이 주님의 기도를 통해 자신의 믿음을 튼튼히 했고, 예수 그리스도의 정신과 영에 뿌리를 내렸다. 이 기도는 예수님이 직접 가르쳐 준 기도다. 지금도 우리는 이 기도를 바칠 때 예수 그리스도와 함께하며, 또한 선대 그리스도인의 신앙 체험에 동참한다. 그들은 이 기도에 힘입어 하느님의 영광 속에 들어갔다.

지금 살아 있는 우리가 '그분을 믿고 바라는 이들'로서 주님의 기도를 바친다면, 이미 세상을 떠난 그들은 '지켜보는 이들'로서 기도를 바친다. 이처럼 주님의 기도를 통해 우리는 지금 이곳에서, 우리가 소리 내 바친 청원이 앞으로 영원히 이루어질 그곳을 내다본다. 그곳 하늘에서는 그분의 이름이 거룩히 빛나고, 그분의 나라가 마침내 와 있을 것이다.

이미 초기 교회에서는 그리스도인에게 주님의 기도를 하루 세 번 바치라고 권고했다. 1세기경 저술된 『디다케』는 '열두 사도의 가르침'으로도 불리는데 신앙의 중심에, 곧 올바른 삶에 이르는 길을 주님의 기도에서 발견했다. 이 기도를 통해 예수 그리스도의 정신과 영이 인간의 마음에 흘러든다는 것이었다.

또한 『디다케』는 관습에 따라 하루 세 번 '열여덟 축복 기도'(Achtzehnbittengebet)를 바치던 유다계 그리스도인에게, 이제는 유다교 기도문 대신 주님의 기도를 바치라고 말했다. 그로써 주님의 기도는 그리스도인의 특징적 표지가 되었다. 이 기도 안에서 그리스도인은 예수님의 기도에 참여한다. 그리스도인은 예수님의 마음으로 기도해 들어가고, 하느님을 당신 자녀를 사랑해 주는 아버지로 체험한다. 그리고 우리를 위한 예수님의 메시지가 무엇인지 이 기도를 통해 한눈에 포착한다. 예수님의 죽음과 부활로 일어난 구원을 우리는 이 기도를 통해 나날이 체험한다.

초기 교회 이래, 주님의 기도에 관한 해설서가 수없이 세상에 나왔다. 이 친근한 기도에 대해 책을 쓰는 것을 그래서 나는 주저했다. 하지만 가까운 분들과 대화를 나누며 나는 용기를 얻었다. 주님의 기도에 대한 내 나름의 관점을 다른 이들과 나누기로 마음먹었다.

사실 이 책을 쓰게 된 것은, 날마다 주님의 기도를 바치는 까닭을 나 자신에게도 해명하고 싶었기 때문이다. 나는 더 뜨겁게 기도하기 위해, 그리고 이 기도를 우리에게 주신 예수 그리스도의 정신과 영에 더 깊이 뿌리내리기 위해 주님의 기도에 마음을 다해 왔다. 예수 그리스도는 이 기도를 통해 몸소 우리를 믿음의 본질로 이끄시며, 또 이 믿음에 따른 삶으로도 이끄신다.

주님의 기도는 마태오 복음서와 루카 복음서로 그 본문이 전해져 온다. 보통 우리는 마태오 복음서의 본문에 따라 주님의 기도를 바친다. 나도 마태오의 신학에 따라 이 기도를 설명하려 한다. 하지만 또 루카 복음서의 의미에 대해서도 여러분에게 거듭 환기할 것이다.

연구자들은 루카가 예수님의 본디 말씀을 더 온전히 보존하고 있다고 말한다. 반면 마태오는 그 말씀을 자신의 신학에 따라 소화하여 정교하게 구성했다고 말한다. 마태오에게 관건은 '우리가 무엇을 기도해야 하는가?'였고, 루카에게는 '우리가 어떻게, 어떤 마음가짐으로 기도해야 하는가?'였다.

그래서 둘째 부분에서는 루카 복음서의 사상을 하나의 기도론으로 요약하려 한다. 루카는 우리에게 온전히 믿는 마음으로 기도하라고, 이로써 예수 그리스도와의 관계 속으로 더 깊이 들어가라고 격려한다.

주님의 기도 해석

나는 주님의 기도를 마태오 복음서의 틀에서 해석하며 세 가지 의미를 발견했다.

1 첫째, 주님의 기도는 예수님의 마음에 조금 더 깊이 뿌리내리는 길이다. 마태오는 예수님을 다른 무엇보다 '아들'로 이해한다. 예수님은 하느님께서 사랑하시는 아들이다. 이러한 예수님이 이제는 우리로 하여금 당신 영을 통해 하느님의 아들됨에 참여하라고 한다. 그분은 산상 설교에서 하느님의 아들딸이 어찌 살아야 하는지 가르쳐 준다. 또 그분은 주님의 기도에서 우리가 당신처럼 자신을 하느님의 아들딸로 체험하는 길을 가르쳐 준다.

주님의 기도는 우리를 예수님의 아버지 체험으로 이끌

어 간다. 이 기도를 바치며 우리는 예수님과 아버지 하느님의 친교에 참여한다. 또한 주님의 기도는 우리를 새로운 하느님 체험으로 인도한다. 아버지 같고 어머니 같은 하느님에 대한 체험, 언제나 우리를 예수님과 똑같이 사랑하며 우리 곁에 계신 하느님에 대한 체험이 그것이다.

주님의 기도의 이러한 의미는 신비주의적이라 말할 수 있다. 여기서 신비주의는 과잉 감정도 아니고 어떤 환상도 아니다. 한 철학적 정의에 따르면 신비주의란 하느님에 대한 '체험적 통찰'(cognitio dei experimentalis) 또는 '실존적 체험'이다. 우리는 그분을 그저 믿기만 하는 게 아니라 몸으로 겪는다. 주님의 기도를 온 마음으로 바치면 그분을 새롭게 체험할 수 있다. 하느님의 다정한 사랑을, 우리와 그분의 친교를 체험할 수 있다.

2 주님의 기도의 둘째 의미는 이 기도가 복음의 근본 주제를 뚜렷이 드러내고 있다는 것이다. 예수님이 당신의 선포를 통해, 또 치유와 섬김을 통해 우리에게 무엇을 전하려 했는지가 이 기도에 나와 있다. 주님의 기도의 주제는 예수님의 구원 활동이다. 그래서 우리는 이 기도를 바치며,

복음의 신비 속으로 더 깊이 잠겨 든다. 십자가 위에서 더 없이 극명히 드러난 예수님의 '용서하는 사랑'의 신비를 체험한다. 하느님께서 예수 그리스도 안에서 사람이 되신 것이 우리에게 무엇을 의미하는지 이 기도로 깨달으며, 또 이 기도로 우리는 자신의 사람됨을 체득한다.

예수님의 말씀을 따라 외며 우리는 그분의 정신과 영으로 충만해진다. 예수님이 선포하신 말씀의 핵심을 점점 더 깊이 이해하게 된다. 이런 까닭에 주님의 기도는 우리 신앙의 본질에 이르는 길, 그리스도인 실존의 중심으로 나아가는 길이다.

3 셋째 의미는 마태오가 주님의 기도와 결부시킨 신학을 통해 분명히 드러난다. 마태오는 주님의 기도를 산상 설교 한가운데에 배치했다. 산상 설교의 모든 요청은 예수님이 당신 제자들에게 선사한 이 기도를 중심으로 연결되어 있다. 이러한 구성을 통해 마태오가 표현하려 한 것은 내게도 신학적으로 중요한 의미가 있다. 기도와 노동, 영성과 사회적 투신, 투쟁과 묵상, 신비주의와 정치는 서로 긴밀히 결부되어 있다. 산상 설교에서 예수님이 우리에게 하신

요청들은 주님의 기도에 대한 응답을 통해서만 실현될 수 있다. 이 요청들은, 인간 실존은 하늘에 계신 아버지에 대한 자녀들의 신뢰에 뿌리내려 있다는 기도 체험을 표현한 것이다.

마태오는 기도와 행동을 하나로 본다. 여기서 그의 은총 신학이 드러난다. 그리스도인을 특징짓는 새로운 행동은 기도 체험에서 흘러나온다. 기도의 바탕은 우리가 하느님의 아들딸이라는 체험이다. 곧 모두의 아버지이신 그분께, 참된 어머니이신 그분께 조건 없이 사랑받는 아들딸이라는 체험이다. 기도 중에 자신이 하느님의 아들딸임을 체험하게 되면 우리는 그 체험을 새 행동으로 표현하기 마련이다. 행동으로 표현되지 않는 기도는 결실 없는 기도다. 이런 기도는 자아도취적이다. 그저 자신에게 집착할 뿐이다.

마태오의 이해에 따르면 주님의 기도는 새로운 행동을 하도록 우리를 충동한다. 온 세상을 치유하는 행동, 서로를 갈라놓은 간극을 메워 주는 행동을 북돋운다.

그리스도교 영성을 사사화하는 위험

오늘날 우리는 영성을 자아도취적으로 변질시킬 위험에 직면했다. 이런 영성은 그저 자신의 평안과 행복만 중시하는 일종의 '웰빙 영성'이다.

그러나 이런 영성은 우리 사회에 결실을 맺어 주지 못한다. 사회문제에는 아예 관여하지 않는 탓이다. 그리스도교의 사사화私事化를 내세우는 교회 집단이 여럿 있다. 하지만 이것은 주님의 기도에 드러나 있는 예수님의 정신과 상충된다. 나는 사회적·정치적 충돌을 회피하기 위한 수단으로 영성의 길을 걷는 이들을 알고 있다. 그들은 자신의 우월감을 확인하기 위해 영성의 길을 도용한다. 그들은 이렇게 말하는 식이다. "천박하게 빈둥대는 이들이나, 타인을 위해 헌신하는 이들보다 내가 더 잘났다."

미국 심리학자 켄 윌버는 주장한다. 지난 20년간 미국에서 일어난 영성적 사건이라고는 해괴한 나르시시즘적 퇴행밖에 없으며, 이나마도 사람들의 정치적 행동에는 아무런 영향도 끼치지 못했다는 것이다.

예수님은 주님의 기도를 통해 우리에게 말한다. 신비주

의와 정치는 서로 결부되어 있고, 이 기도는 우리가 새로운 행동을 감행할 수 있게 격려할 뿐 아니라, 충동하기도 한다는 것이다. 이런 주님의 기도에 새로운 행동으로 응답하지 않는 사람은 기도가 무엇인지 모르는 사람이다.

그러나 그 반대편도 중요하다. 주님의 기도는 그저 사회적 투신에 대한 요구에 그치지 않는다. 이 기도는 영적 체험의 길이기도 하다. 곧 우리가 하느님의 아들딸이라는 체험의 길이다. 이 영적 체험에 바탕하여 사회적으로 투신해야만 우리의 투신이 이 사회에 축복이 된다.

우리 그리스도인은 사회적 투신 속에서 우악스레 소진되면 안 된다. 우리는 우리의 투신이 발 딛고 있는 바탕으로 거듭 돌아와야 한다. 우리의 바탕은 하느님과의 각별한 친교라는 신비체험으로, 이 또한 예수님과 아버지 하느님의 친교에 근거하고 있다.

정치적 투신이 기도로 지탱되지 않으면 우리만 힘겨워질 뿐이다. 어느 병역대체복무자가 내게 말하기를, 자신은 환경보호와 평화운동에 몸 바치고 있지만, 갈수록 자기 자신과 잘 지낼 수 없다고 했다. 점점 더 불만스럽고 공격적으로 변한다고 했다. 그가 무신론자를 자처했던 것을 보면, 그에게는 분명 기도를 통한 영적 체험이 없었다. 물론 예수님과 같은 뜻은 있었지만, 그분의 정신과 영으로 충만해지는 자리는 없었다. 기도가 바로 그 자리다. 거기서 우리는 우리의 내적 원천에 맞닿으며, 이로써 세상을 위해 몸 던질 수 있다.

복음사가 마태오는 주님의 기도를 산상 설교 가운데에 배치할 뿐 아니라, 산상 설교 이후의 말씀을 통해서도 신비주의와 정치의 관계를 계속 드러낸다. 마태오는 메시아의 활동, 곧 모세가 광야의 여정에서 기적을 행한 것처럼 예수님이 행한 열 가지 기적을 서술한다.

예수님은 우리에게 기도의 길을 한 가지 제시하며, 이에 따라 어찌 살아야 하는지를 가르치는 것에 그치지 않는다. 당신 스스로 세상에 개입한다. 몸소 사람들을 자유와 생명으로 인도한다. 사람들의 상처를 치유한다. 또한 사람들의 믿음을, 곧 하느님이 자신들을 약속의 땅으로 데려가실 것이라는 믿음을 굳건히 해 준다. 우리는 그 땅에서 온전히 나 자신이 될 수 있고, 진실하고 자유로울 수 있다.

정치는 신비체험에서 자양분을 얻어야 한다. 반대로 신비주의는 사회적 투신으로 이어져야 한다. 이것은 온 시대에 걸쳐 신비가들이 증명한 바이기도 하다. 여성 신비가 힐데가르트와 메히트힐트와 게르트루트는 더 참다운 교회, 더 의로운 세상을 위해 투쟁했다. 제2대 유엔 사무총장 다그 함마르셸드도 기도 체험에 바탕하여 정치적으로 투신했다. 그는 다른 이들에게 헌신할 수 있는 힘을 기도에서 얻었다. 그는 기도를 통해 맑은 내면을 얻고, 세상을 위한 자신의 소명을 깨달았다.

산상 설교에 바탕한 주님의 기도 해석

나는 이 책에서 주님의 기도를 세 가지 의미로 해석하려 한다. 첫째 의미는 신비체험이고, 둘째는 예수님이 선포한 바의 요약이며, 셋째는 산상 설교에 대한 해석이다.

개신교 주석가 발터 그룬트만의 논증에 따르면 마태오 복음에서 산상 설교는 주님의 기도를 중심으로 구성되어 있고, 또한 산상 설교의 다양한 요청은 주님의 기도의 개별적 청원과 상응한다. 이것은 설득력 있는 주장이다. "아버지의 이름을 거룩히 드러내소서"라는 청원은 참행복에 대한 선언과 상응한다. "아버지의 나라가 오게 하소서"는 세상의 소금과 빛이 되어야 하는 우리의 소명과 관련된다. "아버지의 뜻이 하늘에서와 같이 땅에서도 이루어지게 하소서"라는 청원은 하느님의 뜻을 우리의 행동과 관련지어 해석한 여섯 가지 '대당명제'(Antithese)로 구체화된다. "오늘 저희에게 일용할 양식을 주소서"는 단식과 자선에 대한 말씀, 또한 걱정하지 말라는 말씀으로 풀이할 수 있다. "저희 잘못을 용서하소서"는 "남을 심판하지 마라. 그래야 너희도 심판받지 않는다"와 호응한다. 그리고 "저희를 유혹에 빠지지 않게 하소서"라는 청원은 거짓 예언자에 대한 경고로 나아간다.

주님의 기도를 보면 모든 청원이 산상 설교를 비롯한 예수님의 선포와 연관되어 있다. 우리는 이 기도를 바치며 그분의 정신 속으로 들어가는데, 이 정신이 가장 밝게 빛나는 장면이 바로 산상 설교다. 마태오는 주님의 기도를 산상 설교 가운데에 배치했을 뿐 아니라, 유다교 신심의 세 가지 양식, 곧 자선과 기도와 단식에 관한 당신 가르침의 가운데에 배치했다.

예수님은 유다교 영성의 이 세 가지 양식을 넘겨받아,

이것들의 내적 연관성을 밝힌다. 가령 기도는 자선과 긴밀히 결부되어 있다. 내 생각은 이렇다. 우리가 그리스도인으로서 사회적 차원을 유념하지 않으면 예수님의 정신에 따라 올바로 기도하는 것이 아니다. 기도는 자선의 대체물이 아니다. 기도는 우리의 마음을 활짝 열어, 타인을 기꺼이 돕게 한다. 또한 기도는 단식과도 관계가 있다. 기도는 의무를 방기하는 상념, 그저 잠시뿐인 상념이 아니다. 기도의 본질은 타인을 위한 헌신이고, 이것을 육체적으로 드러내는 것이 곧 단식이다. 단식은 온몸으로 하는 기도다.

다른 한편 예수님은 자선과 기도와 단식을 내면화한다. 우리는 이것들을 통해 자신의 신심을 과시해서는 안 된다. 기도는 숨어서, 내 마음의 골방에서 해야 한다. 그 숨겨진 곳에서 우리는 숨어 계신 하느님을 만날 수 있다. 그러나 유다교 전통으로도 알 수 있듯이, 하느님은 우리에게 당신을 보여 주시면서도, 또 거듭 당신을 감추며 벗어나신다.

하지만 우리 안의 숨겨진 것도 보시는 하느님은, 우리 영혼의 심연과 마음의 외진 구석에도 당신의 빛이 온통 비쳐 들게 하신다. 치유와 변화가 그렇게 일어난다. 우리는 주님의 기도가 마음의 숨겨진 곳으로부터 울려 나오게 해야 한다. 이로써 그분께서 당신 거처로 정하신 우리 영혼의 바탕으로 점점 더 이끌려야 한다.

마태오는 기도의 내밀성에 대해 자신의 견해를 밝힌 다음, 예수님의 제자가 이방인과 다른 식으로 기도해야 하는 까닭을 제시하며 주님의 기도를 소개한다. "너희는 기도할 때에 다른 민족 사람들처럼 빈말을 되풀이하지 마라. 그들은 말을 많이 해야 들어주시는 줄로 생각한다. 그러니 그들을 닮지 마라. 너희 아버지께서는 너희가 청하기도 전에 무엇이 필요한지 알고 계신다. 그러므로 너희는 이렇게 기도하여라. 하늘에 계신 저희 아버지…"(마태 6,7-9).

당시 이교 세계에서는 되도록 많은 말을 입 밖에 냄으로써 신에게 기도자의 소원을 들어줄 것을 강요하는 일이 보통이었다. 또한 신을 여러 이름으로 바꿔 부르며, 기도 내용에 들어맞는 신을 찾고자 했다. 그로써 신에게 영향력을 행사하려 들었다. "그 이면에는 거명을 통한 강제라는 마술적 관념이 자리 잡고 있다. 자신의 이름이 불림으로써 신이 인간의 소원을 들어줄 수밖에 없게 되는 것이다"(Grundmann, *Matthäus* 198).

예수님의 제자는 다르게 기도해야 한다. 그들은 많은 말을 할 필요가 없다. 하느님께 강요할 까닭도 없으니, 그분이 그들의 아버지이기 때문이다. 아버지는 자녀들이 필요한 것을 벌써 알고 계신다.

마태오 복음서에서 예수님은 제자들이 무엇을 기도해야 하는지 가르친다. 그런데 주님의 기도를 소개할 때는 어떻게 기도해야 하는지도 가르쳐 준다. 아버지 하느님의 사랑을 철석같이 믿고 기도해야 한다. 기도 결과에 목맬 것도, 너무 오래 기도하려 애쓸 것도 없다. 오히려 중요한 것은 예수님이 가르쳐 준 몇 마디 구절을 온 마음으로 외는 일이다. 이 구절을 통해 그리스도인은 자신들의 삶에서 중요한 것을 하느님께 알려 드린다. 그것은 그분의 나라가 오는 것, 인간 곁에 계신 그분에 의해 치유되는 것, 그리고 그분의 사랑받는 아들딸로서 온전하고 올바르고 굳세어지는 것이다.

주님의 기도

하늘에 계신 저희 아버지

예수님과 아버지의 친밀한 관계

주님의 기도는 '아버지'라는 다정한 호칭으로 시작한다. 그리스어 '파테르'(*pater*, 아버지)는 분명 예수님 특유의 하느님 호칭인 '아빠'(*Abba*, 사랑하는 아버지)를 번역한 말이다.

하느님을 아버지로 부르는 것은 유다인뿐 아니라 그리스인에게도 일반적이었다. 그러나 예수님처럼 친밀하고 다정하게 하느님을 부른 사람은 아무도 없었다. 우리는 '아버지', '아빠'라는 하느님 호칭을 따라 부름으로써 예수님과 그분 아버지의 친교에 동참한다. 예수님과 하느님의 관계 속으로, 그분과 그분 아버지의 다정함과 친밀함 속으로 들어간다. 우리는 예수님과 함께 그 호칭을 입 밖에 내며, 아버지에 대한 예수님의 사랑 속으로 잠겨 든다. 또한 이런 식으로 기도하며 아버지에 대한 우리의 사랑도 자라난다.

사랑을 주시는 아버지로서의 하느님과 예수님의 관계는, 또한 이런 하느님과 그리스도인의 관계는 정말 진기한 관계다. 하느님은 그저 어딘가에 막연히 계시는 분이 아니다. 우리가 그분에 대해 말할 때 실은 늘 인격적 관계를 기준으로 말한다. '아버지'는 관계 개념이다. 아버지는 언제나 자녀와 관계된 존재다. 이처럼 하느님도 언제나 우리와 관계되어 있다. 우리는 그분의 아들딸이다. 우리는 아들과 딸로서 그분에게 기도를 바치고, 또 그분은 우리에게 아버지 어머니처럼 사랑을 주신다.

우리가 기도를 바칠 때, 이것은 어떤 보편적인 신적 존재나 어떤 고차원적 존재에게 말을 거는 것이 아니다. 우리 그리스도인이 불가해한 하느님을 감히 아버지라 부르는 것이다. 그리고 이로써 그분과의 인격적 관계, 친밀한 관계에 대한 갈망을 드러내는 것이다.

한편, 주님의 기도에 하느님의 여성적 면모가 빠져 있음을 안타까워하는 여성도 많다. 하지만 '아빠'라는 말 자체가 하느님의 아버지다움과 어머니다움을 동시에 나타낸다. 아빠 하느님은 근엄하신 하느님이 아니라, 사랑을 주시는 하느님이다. 하느님은 아버지요 어머니다. 아버지 하느님은 우리를 격려하며 도와주신다. 삶의 용기를 북돋아 주신다. 우리는 그분께 도움을 청할 수 있다. 그분은 의지할 수 있는 분이자, 강인하고 또 자상하신 분이다. 어머니 하느님은 우리에게 안식과 사랑을 주신다. 그분은 우리를 떠받쳐 주신다. 그분은 우리 곁에 있어 주신다. 그분은 우리를 당신 사랑의 현존으로 감싸신다.

기도자의 아버지 상처와 어머니 상처

사람들의 영성 수련을 도와주며 나는 '아버지'라는 하느님 표상을 버거워하는 이들을 끊임없이 목격했다. 그들은 자신의 아버지를 엄격한 아버지나 신뢰할 수 없는 아버지, 독선적 아버지나 완고한 아버지로 체험했다. 그런 아버지는 용기를 북돋아 주기는커녕 기만 꺾어 놓았다. 반대로 유약한 아버지도 있었다. 그런 아버지는 자녀와 진실한 관계를 맺지 못했고, 그래서 자폐성을 보이거나, 오히려 적극성을 밖으로 돌려 가정 대신 사회에 몰두했다.

이러한 아버지 체험은 아버지 하느님에 대한 체험에도 영향을 미친다. 그러면 하느님을 부재하는 존재 또는 신뢰 못 할 존재로 체험한다. 그분의 힘을 느끼지 못한다. 그분이 우리를 보살피지 않는 것만 같다.

"우리 아버지"가 아닌 "우리 어머니"라 기도한다 하더라도, 역시 많은 사람이 어려움을 겪는다. 어머니 체험이라고 꼭 긍정적인 것은 아니다.

어머니는 아이에게 안식과 근본적 신뢰를 전해 주며, 아이가 이 세상에서 환영받고 있음을 느끼게 해 준다. 하지만 어머니는 지나친 것을 요구받기도 한다. 그러면 아이에게 필요한 신뢰를 전해 주지 못한다. 아무리 어머니라도 자신에게 없는 걸 줄 수는 없다. 반면 지나치게 자신에게 매달려, 정작 자녀에게는 온기와 사랑을 전해 주지 못하는 어머니도 있다. 이런 어머니는 감정을 표현하지 못한다. 또 어떤 어머니는 아이를 아예 소유한다. 이런 어머니는 아이에 대한 과도한 친밀감으로 살아가며, 스스로가 애정이 필요한 탓에 아이에게 애정을 쏟아붓는다. 어머니를 이런 식으로 체험하는 사람들은 하느님을 어머니로 마음에 그려 보는 것을 어려워한다. 그분이 자신을 점유하리라고, 당신 애정으로 가둬 놓고 숨 막히게 하리라고 두려워한다. 또 어떤 이들은 하느님을 냉정하게 거부하는 존재로 느끼기도 한다.

우리는 우리 부모에게 겪은 것을 하느님 표상에 '투사'(Projektion)한다. 한 사제가 내게 털어놓기를, 자신은 늘 자비로운 하느님에 관해 설교한다고 했다. 또 그분의 자비하심을 신학적으로 확신한다고 했다. 하지만 망나니 알코올 의존자인 아버지에 대한 체험이 자신의 하느님 표상에 자꾸만 끼어든다는 것이었다. 설교는 자비로운 하느님에 대해 하면서도, 그분을 정작 신뢰할 수 없다는 기분이, 그분은 당신 멋대로이며 계획을 망쳐 버린다는 기분이 든다고 사제는 말했다.

어떤 이들은 예수님이 선포한 다정한 하느님께 매혹되면서도 자신을 거부하는 어머니를 체험한 탓에 그 선포를 믿기가 어렵다. 문제는 우리의 하느님상이 아버지 체험이나 어머니 체험에 속박되어 있는가 아닌가이다. 만일 그렇다면 어머니나 아버지에 대한 체험이 좋지 않은 사람은 종교적 여정에서도 불리하다고 할 수 있다.

아버지와 어머니로 말미암은 상처는 물론 하느님과의 관계에 큰 영향을 끼친다. 그러나 역으로 하느님을 아버지나 어머니로 체험함으로써, 아버지나 어머니에게 받은 상처가 치유될 수도 있다. 우리는 누구나 아버지와 어머니에 관한 이상적 원형을 가지고 있는데, 이것을 우리는 근본적으로 갈망하기 마련이다. 현실의 부모가 이 원형에 부응하지 못하더라도, 우리는 이 원형을 근본 갈망으로 계속 간직한다. 훌륭한 아버지와 다정한 어머니를 향한 이 갈망을 통해 우리는 아버지 하느님, 어머니 하느님께 마음을 열게 된다. 그리고 현실의 부모와의 관계에서 결여되어 있던 훌륭한 아버지, 다정한 어머니의 체험을 기도나 묵상 중에 하느님으로부터 얻게 된다.

주님의 기도를 통해 예수님은 우리가 당신의 하느님 체험에 동참하게 한다. 그래서 우리는 예수님이 하느님과 맺은 관계 안으로 기도해 들어가며, 아버지나 어머니로부터 받은 상처를 치유하게 된다.

네 복음서를 보면 정작 예수님은 '아빠'라는 말을 단 한 번 입에 담았다. 정확히는 올리브 산에서 기도할 때, 당신 아버지께 버림받았다고 느끼던 때, 곧 당신이 진정 십자가 길을 가야 하는지를 두고 아버지와 씨름하던 순간에 그리했다.

당시 예수님의 기도를 헤르만-요제프 베네츠는 이렇게 번역했다. "아빠! 사랑하는 아버지! 당신은 모든 것을 하실 수 있습니다! 이 고난의 잔이 저를 비껴가게 해 주소서. 그러나 제가 원하는 것이 아니라, 당신이 원하시는 것이 이루어지게 하소서"(참조: 마르 14,36; Venetz 11). 이처럼 예수님은 시련과 두려움 한가운데서 그분을 사랑하는 아버지로 불렀다.

하느님께 버림받은 것만 같고 하느님을 이해할 수 없을 때, 그래서 우리도 주님의 기도를 바칠 수 있다. 예수님과 함께 이렇듯 다정한 이름으로 하느님을 부를 수 있다면 우리도 어둠과 두려움, 절망과 고독 한가운데서 그분을 아버지로 체험할 것이다. 그분은 우리에게 용기를 주시고 우리 편이 되신다. 그분은 우리가 신뢰할 수 있고 우리를 잘 아시는 아버지다. 안식과 근본적 신뢰가 부족해서 힘겨워하다가, 주님의 기도를 통해 하느님을 자애로운 어머니로 체험하는 이들이 적지 않다. 그들은 우리 곁에 머물러 주시며 우리를 치유하고 사랑해 주시는 하느님에게서, 따스한

외투처럼 우리를 당신 현존으로 감싸 주시는 하느님에게서 안식을 찾는다.

선입견 없이 주님의 기도를 드릴 수 있는 사람은 아무도 없다. 과연 우리는 과거의 체험을 그대로 지닌 채 이 기도를 바친다. 그러나 주님의 기도에 깊이 빠져듦으로써 우리는 새로운 체험을 할 수 있다. 때때로 우리는 이 기도를 바치며 우리 부모와, 또는 그 역할을 대신해 준 이들과 했던 체험을 떠올리게 된다.

주님의 기도는 우리 무의식에 각인되어 있는 자상한 아버지와 다정한 어머니라는 치유적 원형을 깨워 일으킨다. 아버지와 어머니에 대해 좋은 기억이 없다 하더라도, 주님의 기도는 우리에게 사랑을 주시는 하느님의 부성과 모성을 일깨워 준다. 주님의 기도를 바치면 언젠가 문득 눈이 열릴 것이다. 우리를 당신 사랑으로 감싸시고 우리에게 안식과 고향을 주시는 하느님, 우리의 아버지요 어머니신 참된 하느님을 볼 것이다.

주님의 기도에는 심리학적 전제만 있는 게 아니다. 3세기 신학자 오리게네스에 따르면 신학적 전제도 있다. "'여러분을 자녀로 삼도록 해 주시는 영'(로마 8,15)으로 충만하지 않은 사람은 아무도 하느님을 '아버지'라고 부를 수 없다"(Bader 16에서 재인용).

신비가 니사의 그레고리우스의 경우에는 묵상을 통해 하느님의 부성을 더 깊게 체험했다. "우리는 끊임없이 아버지의 좋으심을 통찰해야 하며, 우리 영혼이 그 좋으심으로 충만해지게 해야 한다"(Bader 17에서 재인용).

하느님이 아버지라는 것을 깨달으며 우리는 우리 영혼에 각인되어 있는 아버지에 관한 원형을 만나게 된다. 이 원형은 언제나 치유의 표상이기 때문에, 우리로 하여금 중심을 되찾게 하고 우리를 참된 나로 이끌어 간다. 니사의 그레고리우스에 따르면 주님의 기도는 우리를 치유하는 작용을 한다. 주님의 기도는 우리를 아버지의 눈길로 살피시는 하느님, 우리의 본향으로 천상의 나라를 약속하시는 하느님을 알려 준다.

모든 인간의 아버지이신 하느님

루카 복음서를 보면 주님의 기도에서 '아버지'란 호칭만 사용하는 반면, 마태오 복음서에서는 호칭을 '하늘에 계신 우리 아버지'로 확장한다. 이로써 마태오는 결정적인 사실을 말하고자 한다. 우리가 이 기도를 통해 여느 아버지가 아닌, '우리' 아버지에게 기도한다는 것이다.

'우리 아버지'라는 말은 하느님이 나하고만 관계된 분이 아님을 뜻한다. 그분은 모든 인간의 하느님이다. 내 마음에 들지 않는 이들의 하느님이기도 하다. 나는 '우리 아버지'라고 기도하는 자체로 이미 나를 에워싼 이들과 결부된다. 내가 속한 공동체와, 나아가 넓디넓은 세상의 사람들과 연결된다.

하느님은 모든 인간의 하느님이다. 주님의 기도는 나로 하여금 하느님만이 아니라 타인에게도 마음을 열게 한다. 이 기도는 나와 마찬가지로 하느님의 아들딸인 모든 인간과 결속할 것을 요구한다. 우리가 예수님의 정신으로 바치는 주님의 기도는, 특히 가난하고 소외된 이들과의 연대를 촉구한다.

우리가 '우리' 아버지에게 다 함께 기도한다는 것은 일찍이 교부들이 강조한 바이기도 하다. 여기서는 아우구스티누스를 인용하는 것으로 충분하다. "우리는 모두 함께 말한다, '우리 아버지'라고. 이 얼마나 고귀한 일인가! 황제도 '우리 아버지'라고 말하고, 거지도 그렇게 말한다. 노예도 '우리 아버지'라고 말하고, 그의 주인도 그렇게 말한다. 그들은 모두 함께 말한다, '하늘에 계신 우리 아버지'라고. 요컨대 그들은 아버지가 같기에 서로가 형제임을 알고 있다. 따라서 주인은 자신의 노예가 자신의 형제임을 언짢아 하면 안 되는데, 주 예수 그리스도께서 그 노예를 형제로 삼으려 하신 까닭이다"(Bader 18에서 재인용).

요한 크리소스토무스도 아우구스티누스를 거들었다. "하느님은 모든 인간에게 태어나면서부터 똑같이 고귀한 신분을 내려 주셨으니, 모든 인간의 아버지로 불리기를 원하시기 때문이다"(Bader 19에서 재인용).

자칫 기도자가 빠질 수 있는 위험은, 예수님이 산상 설교에서 판단하신 바처럼 나를 남보다 낫다고 여기는 것에 있다.

숨어서 기도해야 한다는 말씀이 바로 그 때문이다. 하느님은 숨은 일도 보시는 분이다. 우리는 마음 깊이 숨어 있는 곳에서 그분을 만난다. 그리고 그 깊은 곳에서 기도할 때는 나를 남보다 낫다고 여기지 않게 된다. 그곳에서 우리는 우리 안에 숨겨진 것들을, 차마 직시하지 못해 자신에게도 감추는 것들을 죄다 맞닥뜨리기 때문이다.

우리는 마음 저 깊은 곳에서 자신의 어두운 면을 맞닥뜨린다. 그것을 겸허히 받아들이면 자신이 타인과 연결되어 있음을 깨닫는다. 그리고 자신을 타인보다 우월하게 여기려는 욕심이 사라진다. 자신이 타인과 똑같은 처지에 있음을 알게 된다.

하지만 동시에 우리가 온전히 받아들여졌음을 감사하게 된다. 아버지 하느님은 우리의 어둠과 영혼의 나락까지 조건 없이 받아들이신다. 모든 인간의 아버지이신 하느님께 기도를 드리는 가운데, 우리는 온 세상의 모든 이들과 하나가 된다. 무엇보다 아버지와 어머니가 없는 이들, 자신이 버림받았다고 생각하는 이들, 공동체에서 내쳐진 이들과 하나가 된다.

하늘에 계신 하느님

우리는 하늘에 계신 우리 아버지께 기도를 드린다. 물론 우리는 그분이 어디에나 계시다는 것, 우리를 두루 감싸신다는 것, 또 우리 안에 계시다는 것을 알고 있다. 그러나 모든 시대와 종교를 막론하고 인간은 신에게 기도를 할 때면 언제나 하늘을 우러러봤다. 그들은 인간이 신을 체험하려면 땅과 땅 위의 것들에 묶여 있지 않고 벗어나야 한다고 직감했다. 하늘은 우리의 눈길을 저 높은 곳으로 향하게 한다.

독일어로 '하늘'(Himmel)은 '셔츠'(Hemd)라는 말에서 나왔다. 곧 간수하는 것, 덮어 주는 것, 보호하는 것을 뜻한다. 하늘에 계신 하느님은 모든 여정에서 우리를 지켜 주시고, 당신 사랑의 현존으로 우리를 두루 감싸 주시는 분이다. 또한 '하늘'이란 말은 그분을 인간의 사유 수준으로 끌어내려서는 안 된다는 것을 뜻한다. 하느님은 예수님 안에서 당신을 낮추어 우리에게 오셨다. 그로써 하늘과 땅 사이의 간극을 메우셨다. 그러나 우리는 그분을 인간의 사유 틀에 따라, 지상의 틀에 따라 표상하는 위험에 빠지곤 한다. 주님의 기도는 우리 눈길을 저 높은 곳으로 돌리라고 말한다.

하느님은 지상의 것을 훌쩍 넘어서시는, 본질적으로 모든 것을 초월하시는 분이다. 바오로는 부활하신 그리스도를 염두에 두고 콜로새서에서 이렇게 일깨운다. "여러분은 그리스도와 함께 다시 살아났으니, 저 위에 있는 것을 추구하십시오. 거기에는 그리스도께서 하느님의 오른쪽에 앉아 계십니다. 위에 있는 것을 생각하고 땅에 있는 것은 생각하지 마십시오"(콜로 3,1-2).

그렇지만 독일의 시인이자 신비가인 앙겔루스 질레지우스가 노래한 바도 옳다. "멈추라, 그대는 어디로 달려가는가? 하늘은 그대 안에 있다. 그대가 하느님을 다른 곳에서 찾는다면, 그대는 그분을 영원히 만나지 못하리라." 하늘은 저 위에만, 우리 밖에만 있는 게 아니라 우리 안에도 있다. 그분이 우리 마음에 사신다면, 우리 마음이 곧 하늘이다.

중세 수도승들은 자신의 독방을 하늘이라 말했다. "독방이 하늘이다"(Cella est coelum). 수도승의 방은 그들이 하느님과 정답게 이야기를 나누며, 그분 사랑에 감싸여 있음을 깨닫는 하늘이었다. 하지만 우리 안에 계신 하느님이라 해도 우리가 마음대로 할 수는 없다. 우리는 그분을 소유할 수 없다. 그럼에도 그분께서 우리 안에서 계시는 곳이 바로 하늘이다. 그곳에서 우리는 안전하게 보호받는다. 움츠렸던 우리 삶과 마음이 거기서 활짝 열린다.

하늘은 이미 우리 안에 있다. 그러나 흔히 우리는 하늘과의 관계를 잃어버렸다. 주님의 기도는 우리로 하여금 우리 안에 있는 하늘과 접촉하게 한다. 우리 안에 있는 하늘을 향한 갈망을 일깨운다. 성 아우구스티누스는 말했다. "'하늘에 계신 우리 아버지'라는 말씀을 올바로 깨달은 사람은, 그의 마음속에 하느님이 당신 성전에서처럼 머무시는 경건한 사람이다. 이런 까닭에 기도를 바치는 사람은 자신이 부르는 분이 자신 안에 머무시기를 바라고 그리게 된다"(Bader 20에서 재인용).

우리는 '하늘에 계신 아버지'라고 말함으로써 우리 안에 있는 하늘을 향한 동경과 갈망을 불러일으킨다. 그리고 그 갈망과 접촉함으로써 과연 우리 안에 있는 하늘을 알아챈다. 그곳은 고요한 공간이다. 바로 그곳에서 하늘의 아버지가 우리 안에 머무시며, 길 위에 있는 우리에게 지금 여기서 하늘을 맛보게 하신다. 우리가 걷고 있는 이 길 끝에는 하늘이 있다. 하늘은 우리의 영원한 종착지다.

주님의 기도의 첫 구절을 산상 설교와 관련지어 보면, 다음과 같은 새로운 태도와 그 근거를 알게 된다. 우리는 하느님의 아들딸인 까닭에, 또 하느님께 조건 없이 받아들여진 까닭에 자신을 변호하거나 타인의 인정을 받을 필요가 없다. 또한 명예를 얻으려고 싸울 필요도 없다. 하느님의 아들딸로서 누구도 침해할 수 없는 영예를 가졌기 때문이다.

하느님의 아들딸임을 체험하면 우리는 자유로워져서 새로운 태도와 행동을 취하게 된다. 불안이 아닌 신뢰와 자유로 말미암은 행동을 행하게 된다. 분명 주님의 기도는 이 같은 새로운 행동으로 이어져야 한다. 그렇지 않으면 참된 기도가 아니다. 기도가 참된지 아닌지는 우리의 행동을 보면 알 수 있다.

아버지의 이름을 거룩히 드러내소서

이름은 하느님의 인격적 실존을 가리킨다

주님의 기도의 첫째 청원은 하느님의 이름이 거룩해지는 것에 대한 지향이다. 이것은 예수님이 바친 핵심 청원의 하나다. 예수님의 갈망은 하느님이 당신 영광 속에 이 세상에 계시되시고, 또 드러나시는 것이었다.

이 청원에서 관건은 하느님의 이름이다. 예수님은 이름을 가지고 계신 하느님, 따라서 인격적 존재이신 하느님을 우리에게 일깨운다. 우리는 '너'로서 우리와 마주하신 하느님, 곧 우리와 관계를 맺을 수 있는 하느님을 마주하게 된다. 하느님의 이름은 마땅히 거룩해져야 한다. 다시 말해 하느님께서 우리를 위해 몸소 드러나셔야 한다. 기도한다는 것은 곧 인격적 존재로서의 하느님께 말씀을 드린다는 것이다.

오늘날, 하느님의 인격적 실존을 이해하는 데 어려움을 겪는 이들이 많다. 그들은 하느님을 삼라만상에 두루 스며 있는 기운이나 사랑이라 생각한다. 이런 비인격적 관념이 그들에게는 이해하기가 더 쉽다.

그런데 하느님상은 자아상에 상응하기 마련이다. 하느님을 비인격적으로만 인식하는 사람은 흔히 자신의 인격적 실존, 정체성, 관계 능력에서 어려움을 겪는다. 하느님은 언제나 둘 다이다. 인격적이면서 또 초인격적이다. 그분은 정확한 이름이 있는 분이다. 하지만 또 그분은 우리가 붙잡을 수 없는 신비다.

이러한 신비를 어찌 이해해야 할지는 결국 수수께끼로 남아 있다. 라틴어 낱말 '페르소나레'personare는 '울려 퍼지다'라는 뜻인데, 고대인들은 우리의 본질이 우리 '가면'(persona)과 겉모습을 통해 울려 퍼진다고 생각했다. 중세에는 '인격'(Person)이란 말을 '그 자체로 하나'(per se una)인 것으로 해석했다. 인격은 인간의 실존에 결정적인 것이다. 개인의 구체적 업적이나 타고난 재능과 관계없이 누구도 침해할 수 없는 존엄한 것이다.

그리스도교 신학에서 인격 개념은 처음에는 하느님과 삼위일체의 신비와 관련되어 발전하였고, 그다음에야 인간에게 적용되었다. 오늘날 우리는 그리스도교가 인격의 존엄과 신비를 개진한 것을 자랑스러워할 일이다.

인격에는 관계를 맺는 능력도 들어 있다. 1965년 예루

살렘에서 세상을 떠난 유다철학자 마르틴 부버는 인격주의 철학을 펼쳤다. "나는 너에게서 형성된다." 부버의 관점으로 보면 우리는 주님의 기도에서 자신이 본질적으로 하느님과 결부된, 또 우리 서로가 결부된 존재임을 깨닫게 된다. 같은 것을 1968년 선종한 종교철학자 로마노 과르디니는 이렇게 신학적으로 표현했다. "사물들은 하느님의 명령으로 생겨났다. 인격은 그분의 부르심으로 생겨났다"(Splett 982에서 재인용).

하느님 이름이 거룩하게 되기를 바라는 청원에서 우리는, 우리가 그분과의 관계와 서로 간의 관계 속에서만 인격으로 존재함을 직감하게 된다. 이 인격은 그 자체로 자주적이며, 동시에 본질적으로 다른 인격과 결속되어 있다.

하느님의 이름은 그분의 본질, 곧 사랑을 가리킨다

우리는 하느님의 이름을 말하더라도, 그분을 특정한 상像에 붙박아 놓아서는 안 된다. 십계명의 둘째 계명은 하느님의 상을 만들면 안 된다는 것이다. 하느님을 떠올리기 위해서는 상이 있어야 하지만, 그분은 그 너머에 계신다.

이름도 마찬가지다. 우리는 하느님을 부르고 싶어 하며,

다정히 부르려면 이름이 필요하다. 그러나 이 이름이 하느님을 붙잡아 놓을 수는 없다. '아버지'라는 이름도 하느님을 붙잡는 게 아니라, 오히려 우리로 하여금 그분 본질에 눈뜨게 한다.

요한 복음서는 하느님이 예수 그리스도를 통해 영광스럽게 되신다고 거듭 언급한다. 이 영광스러움의 정점이 십자가다. 예수 그리스도로 드러난 하느님 사랑이 십자가에서 완성되는 것이다. 그리고 이 사랑 안에서 모든 인간에게 하느님의 영광이 계시된다. 하느님을 이 세상에서 영광스럽게 하고, 이로써 인간들이 그분의 영광을 보게 하는 것이 당신 사명임을 예수님은 깨달았다.

그래서 예수님은 이른바 대사제의 기도에서 이렇게 말한다. "아버지께서 저에게 하라고 맡기신 일을 완수하여, 저는 땅에서 아버지를 영광스럽게 하였습니다"(요한 17,4). 예수님은 당신의 말씀과 활동으로써 하느님의 영광과 사랑을 여기 이 세상에 드러내려 했다. 그래서 우리가 주님의 기도의 첫 말씀을 바치며 그분 영광이 오늘 우리 가운데에서도 빛나기를, 또한 우리가 그분 사랑을 느끼고 맛보기를 청원하는 것이다.

거룩한 것은 세상에서 벗어난 것

그리스인에게 거룩한 것은 세상에서 벗어난 것, 세상에 좌우되지 않는 것이었다. 또한 그리스인은 거룩한 것이 아니면 인간을 치유할 수 없다고 믿었다. 인간은 오직 거룩한 것과 접촉함으로써 치유되고 온전해진다.

따라서 하느님의 이름이 거룩하게 되기를 바라는 청원은 그분이 이 세상에서 벗어나 계시다는 것을 뜻하기도 한다. 우리는 하느님을 소유할 수 없다. 하느님은 당신을 드러내실 때, 우리가 다가갈 수 없는 빛 속에서 거룩하게 드러내신다. 결국 이 또한 하느님을 한 가지 상에 붙박아서는 안 된다는 둘째 계명에 호응한다.

마르틴 루터는 하느님의 이름이 그 자체로 거룩하다고 말한다. 그런데 우리는 주님의 기도에서 "하느님의 이름이 우리에게서도 거룩하게 되소서"(Luz 343에서 재인용)라며 기원한다. 이것은 우리가 하느님에 의해 치유되고 온전해지는 것을 의미한다. 일찍이 예루살렘의 키릴루스도 비슷한 인식이 있었다. "하느님의 이름은 우리가 입 밖에 내든 안 내든, 본질적으로 거룩하다. … 우리 자신이 거룩해지고, 또 우리가 거룩하게 삶으로써 그분의 이름이 우리 안에서

거룩하게 되는 것이 곧 우리가 청하고 있는 바다"(Bader 21
에서 재인용).

하느님 이름의 성화는 우리의 사명

하느님의 이름을 거룩하게 하는 일은, 또한 우리의 사명
이기도 하다고 요한 크리소스토무스는 말한다. "하느님은
… 당신 스스로 모든 영광을 충만히 지니고 계신다. … 그
럼에도 … 당신께서 영광스럽게 되시는 것을, 우리의 삶을
통해서도 청하라고 명하신다"(Luz 343에서 재인용). 그분 이
름의 거룩해짐, 곧 성화聖化는 과연 우리의 삶을 통해서도
이루어진다. 우리가 세상의 법칙에서 벗어나서, 그분의 거
룩함이 우리의 자유와 사랑 안에서 드러나게 함으로써 그
성화가 이루어지는 것이다. 그래서 하느님의 이름을 거룩
하게 하는 일에는 언제나 윤리적 측면도 포함되어 있다.
우리는 하느님에 의해 우리 삶이 거룩해지도록 해야 한다.

4세기 교부 니사의 그레고리우스는 주님의 기도의 이
청원을 다음처럼 이해했다. "'하느님의 이름이 거룩하게
되소서'라고 기도하는 사람은 하느님께 이렇게 말하는 것
이다. '제가 나무랄 데 없이 의롭고 경건하도록, 모든 나쁜

행동은 멈추고, 진실을 말하고, 정의를 행하고, 성실히 생활하고, 정결히 빛나며, 지혜와 절제를 갖추고, 저 위에 있는 것을 지향하고, 이 땅에 있는 것은 하찮게 여기며, 천사와 같은 삶을 영위하는 사람이 되도록, 당신 은총으로 저를 도우소서"(Bader 23에서 재인용).

하지만 하느님 이름의 성화에는 개인적 측면만 아니라, 언제나 사회적 측면도 들어 있다. 이것은 특히 해방신학자 레오나르도 보프가 주님의 기도를 풀이하며 지적한 바 있다. "우리는 우리의 삶과 연대적 행동을 통해 인도적 관계를 이루는 데 힘써야 한다. 더 의롭고 더 거룩한 관계, 인간에 의한 인간 착취와 폭력을 끝내는 관계가 곧 인도적 관계다. 그래야 우리가 하느님의 이름을 거룩하게 해 드리는 것이다. 당신의 모상인 인간이 상처를 입을 때는 그분도 상처를 입으신다. 하지만 권리를 빼앗기고 폭력에 희생된 이들이 인간 존엄을 회복할 때는 늘 당신도 거룩해지신다"(Boff 85-86).

개인적 성화, 그리고 가난한 이들과 권리를 빼앗긴 이들에 대한 헌신. 우리는 이 두 가지를 늘 함께 실천해야 한다. 바로 이것을 예수님은 당신 삶으로 먼저 보여 주었다. 그래서 보프는 말할 수 있었다. "억압받는 이들과 함께 그들의 감금된 자유를 위해 투쟁하는 사람은 역사의 전장에서 하느님을 거룩하게 하는 사람이다. 차별받는 계급과 연대하고 사회 발전에 참여하는 사람, 파괴적인 증오 없이 형제자매애의 질긴 끈을 사회구조에 짜 넣는 사람은 지극히 거룩한 그분의 이름을 거룩하게 한다"(Boff 87).

하느님 이름의 성화와 여덟 가지 참행복

하느님 이름의 성화의 개인적·사회적 차원은 이 청원과 산상 설교의 관계로도 드러난다. 이 청원은 여덟 가지 참행복을 통해 설명될 수 있다. 여덟 가지 참행복은 참된 삶에 이르는 여덟 가지 좁은 길이다. 이 여덟 가지 덕성을 자신의 바탕으로 삼아 살아갈 때, 예수님이 이 여덟 가지 길로 약속하는 참행복에 참여할 때 우리는 하느님의 이름을 거룩하게 하는 것이다.

이레네우스는 다음과 같은 아름다운 말을 남겼다. "하느님의 영광은 살아 있는 인간이다"(Gloria Dei, homo vivens). 예수님이 행복 선언에서 명시한 대로 우리가 살아갈 때 하느님의 이름이 이 세상에서 거룩하게 된다. 그리고 예수님의 정신과 영에 사로잡힌 이들의 얼굴에서 하느님의 영광이 환히 빛난다.

'거룩하게 하는 것'(heiligen)은 늘 '치유하는 것'(heilen)과 관련되어 있다. 인간이 그분을 바라보고 그분의 거룩한 이름을 우러르는 가운데 치유되고 또 그로써 자신의 참된 본질을 찾아 얻을 때, 그분의 이름이 거룩하게 된다.

행복 선언은 예수님의 모습에 따라 지어진 새 인간을 묘사하고 있다. 예수님은 이 선언을 통해 하느님을 신뢰하고 갈망하는 인간이 취해야 할 덕성을 가르쳐 준다.

여기서 초점이 되는 것은 윤리적 덕성이다. 인간은 누가 뭐라 해도 이런 덕성을 위해 힘써야 한다. 행복 선언은 이 여덟 가지 행동 방식이 인간을 당장 행복하게 만들기 때문에 마땅히 지향해야 한다고 일러 준다. 여덟 가지 참행복에 대한 선언에서 예수님은 참된 삶으로 가는 여덟 가지 좁은 길을 알려 준다. 예수님은 동과 서, 남과 북의 지혜를 당신 안에 한데 모아 우리에게 전해 주는 스승이다. 그렇게 우리는 주님의 기도에서 예수님 지혜의 한몫을 얻는다. 우리 삶이 참된 삶이 되는 법을 예수님께 배운다. 예수님은 단순히 가난한 이들이 아니라, 모든 것을 기꺼이 내려

놓는 이들이 복되다고 선언한다. 단순히 굶주리는 이들이 아니라, 의로움에 굶주린 이들이 행복하다고 언명한다. 예수님의 제자들이 이런 덕성을 추구하고 체현할 때 하느님이 영광스럽게 된다. 또한 그리스도인은 이런 덕성을 통해 참으로 행복하게 된다.

그리스어로 '행복하다'(makarios)라는 말은 본래 신들에게만 적용되던 단어였다. 올림포스 산에 있는 신들의 특징은 내적 자유다. 그들은 인간의 견해 따위는 신경 쓸 필요가 없었다. 무엇인가 이루어야 한다는 압박도 없었다. 게다가 죽지도 않았다. 행복 선언의 여덟 가지 덕성을 통해 인간은 하느님의 영광에 참여하며, 또 이로써 내적 자유를 체험한다. 인간은 하느님의 아들딸로서 남들의 견해나 평가에 목맬 필요가 없다. 인간은 남들의 인정으로 사는 게 아니라, 하느님에게 조건 없이 받아들여졌다는 사실에 힘입어 살아간다. 인간이 내적 자유를 체현할 때 그분의 이름이 거룩해진다. 그리고 나아가 그분의 거룩함이, 곧 이 세상과 그 법칙에서 벗어나 계심이 인간을 통해 드러나며, 그분께서 인간 안에서 영광을 받으신다.

하느님의 이름은 새로운 방식으로 살아갈 수 있는 인간,

더 이상 세상의 기대가 아닌 하느님의 거룩한 뜻을 따르는 인산을 통해 가시화된다. 인간이 하느님의 아들딸임을, 또한 예수님의 형제자매임을 증명해 주는 여덟 가지 덕성은 다음과 같다.

- 마음이 가난함(모든 것을 내려놓고 하느님을 믿는 영적 태도)
- 슬퍼함(사랑하는 사람의 상실만이 아니라, 자신의 속된 모습, 놓쳐 버린 기회, 이상과는 다른 결혼 생활에 대한 애도)
- 온유함(자신과 타인에 대한 온화하고 다정한 태도)
- 의로움에 주리고 목마름
- 자비로움
- 마음이 깨끗함(내면의 순수)
- 평화를 이룸
- 의로움 때문에 박해를 받음

마지막 두 가지는 개인적 덕성일 뿐 아니라, 더 정의로운 세상을 위한 투신의 중요성을 말하고 있다.

언제나 행복 선언은 사회적 차원까지 함께 지향한다. 인간의 삶이 가치 있고 진실하며 타인을 위해서도 결실을 맺으려면, 예수님이 행복 선언으로 명시하는 여덟 가지 덕성이 꼭 필요하다. 예수님과 그분 제자의 참모습이 바로 거기에 나와 있다. 여덟 덕성은 하느님께 '보상을 받는다'. 하지만 이것은 외적 보상이 아니다. 여덟 덕성에는 그 자체로 보상이 내재되어 있다. 예를 들어 마음이 깨끗한 사람들은 하느님을 보게 된다. 마음이 가난한 사람들은 이미 지금 하늘 나라가 그들의 것이며, 이미 지금 자신의 갈망을 채워 주시는 하느님을 향해 마음이 활짝 열려 있다.

하느님의 이름이 거룩하게 되길 바라는 청원에는 두 측면이 내포되어 있다. 한편으로 하느님은 당신의 유일성과 초월성 안에서, 당신의 숭고함과 탈속성 안에서 드러나셔야 한다. 우리는 우리를 위해 하느님을 소유할 수 없다. 하느님을 하느님으로 놓아두어야 한다. 하느님은 하느님으로 드러나셔야 한다. 인간의 소망을 그분께 덮어씌움으로써, 곧 투사함으로써 드러나시면 안 된다. 하느님을 자기 욕구의 충족을 위한 보증인으로 여겨서는 안 되는 것이다. 언제나 하느님은 우리 욕구와는 전혀 다른 존재다.

그러나 다른 한편 하느님은 인격적 존재이며, 따라서 내가 말을 걸 수 있고 관계를 맺을 수 있는 '너'다. 우리는 이 관계를 예수님을 통해 우리 눈으로 볼 수 있다. 또한 우리는 주님의 기도를 통해 예수님과 그분 아버지의 인격적이며 친밀한 관계에 동참할 수 있다.

결국 하느님이 하느님이시고, 늘 하느님으로 머무르실 때, 더불어 인간도 참으로 인간이 되는 것이다. 인간이 하느님의 영으로 두루 채워질 때, 그분의 이름이 거룩하게 된다. 하느님은 하늘 위에서 다스리시는 초월적 존재다. 우리는 그분을 우리에게로 끌어내려서는 안 된다. 오히려 그분은 친히 예수님 안에서 당신을 낮추시어 우리에게 오셨다. 예수님 안에서 그분은 우리 삶이 참된 삶이 되는 길을, 우리가 참된 인간이 되는 길을 가르쳐 주신다. 우리는 예수님과 함께, 또한 예수님을 통해 하느님을 우러르며 그분의 거룩함에 참여해야만 비로소 참된 인간이 된다.

아버지의 나라가 오게 하소서

예수님의 선포는 첫 말씀부터가 하느님의 나라에 관한 것이다. 마르코 복음서에서 예수님은 갈릴래아 전도를 다음과 같은 말로 시작한다. "때가 차서 하느님의 나라가 가까이 왔다. 회개하고 복음을 믿어라"(마르 1,15).

예수님은 하느님에 대해 '정적'이 아닌 '동적'으로 말한다. 그분의 '본성'이 아닌 그분의 '오심'을 말하는 것이다. 하느님은 이 세상에 개입하여 당신 나라를 세우시는 분이다. 천지창조 때 당신이 본디 뜻하신 것처럼 이 세상을 만들기 위해 그분은 이 세상 안에서 다스리려 하신다.

예수님 선포의 핵심은 하느님 나라의 도래다. 그분 나라가 이 세상에 세워지면, 이 땅에 자기네 나라를 세운 통치자들은 권력을 빼앗기고, 이 세상을 지배하는 음지의 권세들은 자기네 세력을 상실한다. 하느님이 다스리는 곳에서는 치유와 구원이 일어나고, 인간이 제 본성에 맞게 세상을 살아가게 된다.

성경에서 하느님의 통치는 늘 해방과 치유의 통치다. 하느님의 나라는 충실하고 올바르며 의미 있는 삶의 요건이다. "궁극적으로 하느님의 통치는 베풂과 자유를 주는 사랑의 통치, 우리를 인간의 참된 본성으로 인도하는 통치이기 때문이다"(Blank 618).

마태오는 '하느님의 나라'(*basileia tou theou*)라는 말 대신 '하늘 나라'라는 말을 사용한다. 다시 말해 마태오는 하느님의 나라를 공간적 표상으로 받아들인 것이다. 하느님의 나라는, 그 안에서 예수 그리스도를 통한 구원을 찾아 얻는 일종의 집과 같다.

마르코는 다른 관점에서 본다. 하느님의 '다스림'(나라)이 가까이 왔다는 것이다. 그분의 통치가 아직 온전히 오지는 않았어도, 이미 현재 속으로 들어오고 있으며, 또한 우리에게 새로운 미래를 열어 줄 것이다. 하느님의 나라가 다름 아닌 예수님 안에서 우리 인간에게 도래한다. 예수님은 하느님의 나라를, 곧 우리를 치유하고 구원하는 그분의 오심으로 선포한다.

하느님의 나라가 오는 곳에서는 우리 인간이 치유된다. 억눌린 이들이 곧추서고 갇힌 이들이 풀려난다. 하지만 우리도 하느님 나라의 도래에 응답해야 한다. 이러한 응답의 본질은 회개와 사고 전환에 있다. 그분께서 가까이 오셨다면 우리는 이 세상과 우리 자신을 지금까지와는 다른 눈으로 봐야 한다. 우리는 더 깊이 꿰뚫어 봐야 하고, 하느님의 통치를 이 세상 곳곳에서 알아봐야 한다. 그리고 예수님의 기쁜 소식을 믿어야 한다.

하느님의 통치는 예수님의 말씀 안에서 우리에게 임박한다. 예수님은 전권을 쥐고 선포한다. 마치 하느님께서 인간의 마음에 직접 다가가 벌써 다스리기 시작한 것처럼, 그렇게 하느님을 선포한다. 이 선포가 악령을, 곧 하느님의 모상인 우리를 어지럽힌 온갖 더러운 영을 쫓아낸다. 마르코가 전한 첫 치유 사화에 따르면 이런 식으로 예수님은 카파르나움의 회당에서 당신 말씀에 귀를 기울인 한 남자를 더러운 영에서 해방한다(마르 1,21-28 참조).

예수님이 하느님을 선포하면 악령은 권세를 잃는다. 인간을 거짓되게 하고 또 병들게 하는 악마적인 하느님상이 우리 안에서 쫓겨난다. 마르코에게 하느님 나라는 악령으로부터, 곧 내적 속박, 거짓 하느님상, 병든 생활양식, 강박 관념으로부터 예수님이 인간을 해방하고 치유하는 것을 의미한다.

하느님의 나라는 이미 가까이 왔다. 그렇다면 "아버지의 나라가 오게 하소서"라고 청원해야 하는 것은 왜일까? 그것은 하느님의 나라가 점점 더 다가와서 우리 영혼을 온통 사로잡기를, 그리고 하느님의 나라가 우리의 더불어 삶에도 들어오기를, 아니 그 나라가 온 세상에 드러나기를 바라는 까닭이다.

하느님의 나라는 우리가 원하든 원하지 않든 분명 올 것이다. 그러니 우리가 꼭 청할 필요는 없다. 하지만 성 아우구스티누스는 이렇게 이해한다. "이 청원을 통해 이 나라를 향한 우리의 갈망을 새삼 일깨우는 것은, 하느님의 나라가 우리에게 오게 하기 위해, 그리고 우리가 이 나라에서 함께 다스리기에 합당하게 되기 위해서다"(Bader 25에서 재인용). 아우구스티누스에게 이 청원은 갈망의 표현이다. 우리는 우리 안에 있는 하느님 나라에 대한 신비 체험을 갈망한다.

이와 달리 마태오는 하느님의 나라에 대한 청원을 공동체의 관점에서 이해한다. 그리스도인의 공동체는 하느님의 통치가 선명히 드러나는 곳이어야 한다. "아버지의 나라가 오게 하소서"라고 우리가 기도하는 것은, 하느님이 우리 그리스도인 가운데서 더욱더 분명히 드러나시기 위함, 우리를 통해 하느님 나라가 이 세상에서 펼쳐지기 위함이다.

또한 이 청원은 정치적인 기도이기도 하다. 하느님이 이 세상을 다스리시어 불의한 자들의 지배가 끝나기를 기원하기 때문이다. 이제는 하느님이 다스리셔야 하며, 더 이상 돈과 권력의 우상들이 군림해서는 안 된다.

스위스 주석가 헤르만-요제프 베네츠는 주님의 기도를 '전복적 기도'라고 명명한다. "하느님 나라가 오기를 기도하는 것은, 뭐니 뭐니 해도 다른 모든 통치가 무력화되기를 바라는 소망과 결부되어 있기 때문이다. 하느님 나라의 도래는 인간을 지배할 권리를 주장하는 모든 권력의 무력화, (히틀러든, 컴퓨터든, 어떠한 희생도 불사하는 무한 성장이든, 인종차별이든, 국수주의든) 모든 우상의 무력화를 의미한다"(Venetz 37). 이 기도는 하느님께 간청하는 기도다. 하느님께서 다스려 주시기를 기원하는 기도다. 그러나 이 기도는 하느님께서 하시는 일을 우리가 그저 방관하게 두지는 않는다. 그분의 나라는 우리의 행동을 통해서도 이 세상에 세워져야 한다.

하느님의 나라와 그 나라의 비유들

하느님 나라의 도래를 향한 청원을 이해하려면 그 나라에 관한 예수님의 말씀을 귀 기울여 듣는 게 좋다. 예수님은 특히 비유로써 하느님 나라, 또는 하늘 나라(누구보다 마태오가 '하늘 나라'라고 말한다)에서 중요한 게 무엇인지 밝혀 준다.

하느님의 나라는 인간이라는 '밭'에 뿌려지는 '씨'와 같다. 그분은 인간의 마음을 사로잡아 열매를 맺게 하시려고 한다. 하지만 인간의 영혼은 사람들이 밟고 다녀 단단해진 길에 더 가깝다. 아니면 씨는 돌밭에 떨어지기도 하는데, 그래서 싹이 트기는 해도 해가 솟아오르면 금세 말라 버린다. 또 씨가 가시덤불에 떨어지는 일도 잦은데, 그 속에서는 열매를 맺지 못한다. 예수님의 설명에 따르면 세상 걱정이 말씀을 숨 막히게 하는 것이다(마태 13,22 참조).

인간이 좋은 땅을 가지고 있어야 하느님의 말씀이 그 안에 들어와 열매를 맺는다(마태 13,1-9 참조). 하느님 나라의 특징은 풍요로움이다. 그분이 우리 안에 들어와 다스리시면, 우리 삶은 우리와 더불어 살아가는 이들을 위해 열매를 맺게 된다.

하느님의 나라는, 누구나 믿을 수밖에 없을 만큼 이 세상에서 그 영광이 분명히 드러나는 나라가 아니다. 오히려 그분의 나라는 (우리가 이 세상에 사는 한) 이 세상의 또 다른 권세와 늘 뒤섞여 있다.

그래서 "하늘 나라는 자기 밭에 좋은 씨를 뿌리는 사람에 비길 수 있다. 사람들이 자는 동안에 그의 원수가 와서 밀 가운데에 가라지를 덧뿌리고 갔다"(마태 13,24-25). 우리 영혼의 밭과 교회라는 밭에도 가라지가 뿌려졌다. 그러니 밀에게도 해가 가지 않고는 가라지를 뽑아낼 수 없다. 아마 마태오는 가라지의 비유에서 당시 그리스도인 공동체 안에 활동하던 엄격주의자들을 염두에 둔 것 같다. 그들은 순수한 교회를 세우고자 했다.

우리는 이 비유를 개인적 차원에서도 이해할 수 있다. 우리는 한결같이 신실하기 바라지만, 우리 영혼의 밭에서는 가라지도 자라고 있다. 가라지가 무성히 자라게 두면 안 되지만, 송두리째 뽑아낼 수도 없다. 그러면 밀까지 우리 안에서 자라나지 못한다.

밀이 가라지보다 튼튼하게 자라려면, 선과 악이 우리 안에서 뒤섞여 있지만 그럼에도 열매를 맺으려면 필요한 것은 인내다. 우리가 죽음에 이를 때, 비로소 하느님은 우리 안의 선과 악을 영원히 갈라놓으실 것이다. 그때야 하느님의 나라가 온전한 영광 속에 드러날 것이다. 그때야 그분께서 참으로 우리 안에서 다스리실 것이다. 그럼에도 우리는 그분의 나라가 오기를 지금 여기서 기도해야 한다. 가라지보다 밀이 튼튼히 자라게 하기 위해서다.

예수님이 설교한 하느님 나라에 군중은 매혹되었다. 그러나 그들은 그 나라를 번번이 권력과 명예에 관한 표상과 결부했다. 가령 제베대오의 두 아들은 하느님 나라에서 자기네가 예수님의 오른쪽과 왼쪽에 앉기를 바랐다. 권력에 관한 자기네 환상을 하느님 나라의 비유와 연관시킨 것이다. 하지만 예수님은 하느님의 나라가 지금 여기서는 그럴듯하게 드러나지 않는다는 것을 군중에게 거듭 일깨운다. 하느님의 나라는 작은 겨자씨와 같다. 그것을 못 보고 지나칠 수도 있다. 그러나 싹이 터서 자라면 "어떤 풀보다도 커져 나무가 되고, 하늘의 새들이 와서 그 가지에 깃들인다"(마태 13,32).

하느님의 나라는 우리 안에서 넌지시 암시되고 있지만, 대개 우리는 전혀 알아채지 못한다. 우리는 여느 사람과 똑같이 살아간다. 그러다 한순간 하느님이 우리 안에서 움직이실 때 우리는 한 그루 나무가 된다. 그 주위로 공동체가 일어나는 나무, 사람들이 기댈 수 있는 나무가 된다. 주님의 기도를 통해 우리는 하느님의 나라를 우리 안에서 체험하기를 바라면서, 또한 그리스도인 공동체가 인류를 위한 나무가 되기를 기원한다. 집 없는 이들에게 지붕이 되어 주고, 편히 쉴 곳 없는 이들에게 안식을 선사하는 나무가 되기를 소원한다.

또한 "하늘 나라는 누룩과 같다. 어떤 여자가 그것을 가져다가 밀가루 서 말 속에 집어넣었더니, 마침내 온통 부풀어 올랐다"(마태 13,33). 하느님 나라는 손 틈새로 새어 버리는 밀가루처럼 여겨지곤 한다. 하지만 하느님 나라는 우리의 일상이란 '밀가루'를 한데 뭉쳐 변화시키는 누룩과 같다. 그로부터 사람들을 먹여 살리는 빵이 만들어진다. 어떤 여자가 밀가루 서 말 속에 누룩을 집어넣는다. 그렇게 밤새 두자, 다음날 아침 반죽이 온통 부풀어 올랐다.

때때로 하느님 나라는 우리 내면의 깊은 밤에, 우리의 무의식에 작용한다. 하느님 나라는 우리를 송두리째 사로잡는다. 작은 누룩이 어느 틈에 수많은 빵을, 수많은 이의 양식을 생겨나게 한다. 우리가 하느님 나라의 도래를 청원하는 것은, 그분의 영이 우리를 온전히, 곧 무의식의 심연까지 사로잡기를 희망하는 것이다. 그분이 우리 안에서 다스리시면, 우리는 사람들을 위한 빵이 된다. 그분이 그리스도인 공동체 안에서 다스리시면, 공동체는 많은 사람의 양식이 된다. 모든 사람이 다 인정하는 것은 아니겠지만, 그럼에도 그리스도인 공동체는 사회 전반에 중요한 작용을 하고 있다. 우리 그리스도인 공동체는 굶주리고 갈망하는 사람들을 먹여 살리는 빵과 같다.

"하늘 나라는 밭에 숨겨진 보물과 같다. … 또 하늘 나라는 좋은 진주를 찾는 상인과 같다. 그는 값진 진주를 하나 발견하자, 가서 가진 것을 모두 처분하여 그것을 샀다"(마태 13,44-46). 두 비유에서 하느님 나라는 다른 그 무엇보다 귀한 것으로 여겨진다. 이런 보물과 진주를 얻으려면 마땅히 다른 모든 것을 팔아야 한다.

우리가 열망해야 할 것은 오직 하느님이 우리 안에서 다스리시는 것뿐이다. 그래야 부를 향한 우리의 갈망이 가라앉는다. 다름 아닌 하느님이 진짜배기 보물이요 가장 값진 진주이기 때문이다. 이 보물은 좀이 슬지 않는다. 이 보물은 영원토록 우리 안에 존재한다.

그런데 두 비유는 하느님 나라에는 우리의 온전한 투신이 필요하다는 언명이기도 하다. 우리 안에 있는 진정한 보물을 얻으려면, 우리를 계속 지배하려 드는 것을 죄다 놓아 버려야 한다. 그러면 우리는 외부적 지배에서 벗어나고, 부를 향한 갈망이 내부적으로, 곧 속 깊은 곳에서 충족된다.

모든 사람이 하느님 나라에 자동적으로 들어가는 것은 아니다. 하느님 나라는 심판을 받아야 들어갈 수 있다. 예수님은 그물의 비유를 들어 가르쳐 준다. 어부는 좋은 물고기만 골라 담고, 나쁜 것은 던져 버리기 마련이다. "세상 종말에도 그렇게 될 것이다. 천사들이 나가 의인들 가운데에서 악한 자들을 가려내어, 불구덩이에 던져 버릴 것이다"(마태 13,49-50).

예수님의 제자들이 세상 사람들을 교회로 불러 모으면 언제나 두 집단이, 곧 좋은 물고기와 나쁜 물고기가 함께 온다. 그러나 세상 종말에는, 한 개인으로서 죽음을 맞이할 때는 선한 것과 악한 것이 갈리게 된다. 결국 하느님 나라에는 선한 것만 들어갈 수 있다. 하느님의 통치가 모든 것에 두루 미치면 악한 것은 더 이상 가망이 없다. 악한 것은 밖으로 내쳐진다. 우리가 세상살이할 때는 하느님께서 참고 기다리신다. 하지만 죽음에 이르러서는 선과 악이 심판으로 분리된다. 이것을 깨달으면 오늘 우리는 선을 결단할 수밖에 없다.

그물의 비유는 우리에게 두려움을 일으키려는 것이 아니다. 우리 안에 있는 좋은 것을 지금 여기서 나쁜 것과 떼어 놓으라고 촉구하려는 뜻이다. 동시에 이 비유는 희망을 주기도 한다. 우리가 죽음에 이르면 그분께서 우리 안의 좋은 물고기는 하늘 나라의 광주리에 담고 나쁜 물고기는 골라 버리실 것이라는 희망을, 곧 우리가 맑게 정화되어 당신의 영원한 나라로 들어갈 것이라는 희망을 준다.

하느님의 나라는 지상의 나라와 다른 법칙이 적용된다. 이것은 선한 포도밭 주인의 비유를 보면 알 수 있다(마태 20,1-16 참조). 하늘 나라에서는 첫째가 꼴찌 되고 꼴찌가 첫째 된다. 거기서 중요한 것은 첫째가는 업적이 아니라 은총이다. 그분은 누구에게나 필요한 것을 주시어, 모두를 온전하고 행복하게 하신다. 그래서 뒤늦게 일한 사람도 바라는 것을 이룰 수 있다.

뙤약볕을 견디며 온종일 일한 첫째들은 하느님의 관대

하심을 불평하면 안 된다. 그분의 나라에서 살고자 하는 사람은, 하느님의 특성인 너그러움에 참여해야 한다. 그렇지 않으면 그분 나라에서 마음이 편하지는 못할 것이다. 우리가 그분 나라의 도래를 청원하는 것은, 우리 마음도 그 나라의 신비를 이해할 만큼 넓어지기를 기원하는 것이기도 하다.

"하늘 나라는 자기 아들의 혼인 잔치를 베푼 어떤 임금에게 비길 수 있다"(마태 22,2). 우리는 초대받은 잔치를 거절하기도 한다. 우리의 재산이나 성공, 사업을 하느님의 잔치보다 중시하기 때문이다. 우리 안에 있는 모든 것은 선한 것이나 악한 것이나 이 잔치에 참석하라고 초대를 받았다. 다만 우리는 하느님께서 주신 예복, 곧 당신의 사랑이란 예복을 갖춰 입어야 한다. 그때 우리는 이 잔치에서 하느님과 하나가 되고, 또 우리 자신과 하나가 된다. 그분의 나라는 우리 내면의, 또 우리 사이의 모든 대립과 모순이 화해하는 혼인 잔치와 같다.

또한 "하늘 나라는 저마다 등을 들고 신랑을 맞으러 나간 열 처녀에 비길 수 있을 것이다"(마태 25,1). 여기서도 예수님은 하늘 나라를 혼인 잔치라는 아름다운 표상에 비유한다. 우리도 열 처녀처럼 혼인 잔치에 초대받았다. 하지만 되는 대로 지내다가 기름도 없이 등만 가지고 간다면 잔치에 들어가지 못할 수도 있다.

'주의 깊음'과 '깨어 있음'은 하늘 나라에 들어가기 위해 필요한 두 가지 기본적 태도다. 이처럼 주님의 기도의 이 청원은 우리에게 하느님 나라의 도래를 준비하게 한다. 그리고 그 나라가 도래하면 우리 안의 모든 것이 그분의 사랑에 사로잡힐 것이라는 희망을 우리에게 가득 심어 준다. 4세기 교부 니사의 그레고리우스는 이 청원이 약속하는 바를 알아보았다. "하느님 나라가 시작되면 슬픔과 비탄은 달아날 것이다. 그 대신 생명과 평화와 기쁨이 찾아들 것이다"(Bader 25에서 재인용).

또한 예수님은 하늘 나라를 어떤 사람이 여행을 떠나며 세 명의 종에게 재산을 맡기는 것에 견주었다. 두 종은 각기 맡은 탈렌트를 잘 굴린 반면, 다른 한 종은 자기가 맡은 탈렌트를 잃을 수도 있다는 두려움 탓에 땅에 묻어 두었다(마태 25,14-30 참조). 사실 마지막 종은 아예 실패하는 일이 없게 완벽히 통제하려 했다. 하느님을 두려운 분으로 생각했던 것이다. 하지만 그분께서 맡기신 것을 받아들이고 더

욱 펼쳐 보여야만 우리는 그분 나라에 들어갈 수 있다. 그분은 살아 움직이는 인간을 원하신다. 믿음을 가지고 자신의 자질을 펼치며 두려움을 이겨 내는 인간을 바라신다. 하느님을 모진 처벌자로만 인식하는 사람은 이미 여기서 생지옥을 만들어 내는 꼴이다.

탈렌트의 비유로써 예수님은, 그저 두려운 나머지 겁 많은 토끼처럼 구멍 속에 숨어들어서는 안 된다고 우리에게 촉구한다. 오히려 당신께서 우리에게 맡긴 것을 전부 걸고 모험을 하라고 격려한다. 주어진 삶을 스스로 거부하는 사람은 이미 울며 이를 갈고 있는 것이나 다름없다. 하느님의 나라는 믿음으로 살아가는 나라이다. 그분이 주신 재능은 우리의 믿음을 통해 열매를 맺는다. 믿음과 주의 깊음은 그분의 나라로 들어가는 전제 조건이다. 그분의 나라는 그냥 오지 않는다. 그 나라는 우리의 온전한 투신을 요구한다.

예수님이 거듭 말하는 하느님 나라는, 바로 예수님 당신에게서 알아볼 수 있다. 그런데 그 나라는 자신을 하느님의 뜻에 맡기는 인간에게서도 드러날 수 있다. 그럼에도 "하느님의 나라가 오게 하소서"라는 청원은 무엇보다 하느님을 향한 것이다. 하느님께서 나타나시기를, 세상의 불의한 자들을 다스리시기를, 당신 사랑의 나라를 세상에 세우시기를 간청하는 것이다. 그 나라에서 우리는 자유로운 인간으로 평화와 화해 속에 살게 된다.

다른 한편 이 청원을 통해 우리는 하느님 나라의 건설에 기꺼이 협력할 것을 천명한다. 이를 위해 우리는 그분께서 우리 안에서 다스리시고, 그분 영이 이 세상에 들어오시게 해 드릴 것이다. 우리가 서로 화해하며 살아가는 곳이라면, 그 어디라도 하느님 나라를 체험할 수 있다. 우리는 서로 화해를 이루는 곳에서 다 함께 하느님 나라를 이 세상에 건설하게 된다.

하느님 나라는 우리를 통해 도래한다

마태오는 하느님 나라의 도래를 향한 청원을 산상 설교에서 세상의 소금과 빛에 관한 말씀을 통해 해석한다. "너희는 세상의 소금이다. 그러나 소금이 제 맛을 잃으면 무엇으로 다시 짜게 할 수 있겠느냐? 아무 쓸모가 없으니 밖에 버려져 사람들에게 짓밟힐 따름이다"(마태 5,13).

그리스도인이 세상의 소금이 됨으로써 하느님 나라가

이 땅에 드러난다. 소금에는 네 가지 의미가 있다. "부패를 방지하고, 싱거운 음식의 간을 맞추며, 희생 제물이나 갓난아기를 정화하고, 끝으로 하느님과 인간 간의 계약과 다양한 인간 집단 간의 계약에 의미를 부여한다"(Grundmann 137).

예수님의 영에 이끌릴 때, 그리스도인은 온 세상을 위한 중요한 역할을 하게 된다. 그리스도인은 사람들이 내적으로 부패하고 타락하는 것을 막는다. 예수님의 말씀을 따르면 사람은 생기를 지키며 썩지 않는다. 그리스도인은 맛있는 음식에 없어서는 안 될 소금 같은 존재다. 그리스도인은 외적 상황에 순응하는 것에 만족하지 않는다. 그리스도의 영에 사로잡힌 사람은 자기 주위를 정화한다. 과연 그의 주위는 깨끗해진다. 그는 다른 이들의 부정적 감정에 물들지 않는다. 그리스도인에게는 다양한 인간 집단의 결속을 이끌어 낼 사명이 있다. 그리스도인이 세상 속에서 이 모든 역할을 다함으로써 하느님의 나라가 인간에게 도래한다.

또한 산상 설교에 나오는 것처럼 그리스도인은 세상의 빛이다. "너희는 세상의 빛이다. 산 위에 자리 잡은 고을은 감추어질 수 없다. 등불은 켜서 함지 속이 아니라 등경 위에 놓는다. 그렇게 하여 집 안에 있는 모든 사람을 비춘다. 이와 같이 너희의 빛이 사람들 앞을 비추어, 그들이 너희의 착한 행실을 보고 하늘에 계신 너희 아버지를 찬양하게 하여라"(마태 5,14-16). 예수님은 "죽음의 그림자가 드리운 땅에 사는"(마태 4,16) 사람들에게 떠오른 참된 빛이다.

그리스도인은 예수님의 사명에 동참해야 한다. 그리스도와 연대하여 그리스도의 정신으로 살아갈 때 그리스도인은 세상의 빛이다. 그리스도인은 자신에게 집착하면 안 된다. 자신이 전해 받은 빛을 타인에게 전해 주지 않아서 이 빛이 흐려지게 해서는 안 된다. 이 빛은 그리스도인이 말씀을 선포할 때만 아니라, 특히 타인을 위해 선을 행할 때 환히 빛난다.

그리스도인의 선행에는 무엇보다 자비와 평화 활동이 있다. 최후 심판에 관한 예수님의 말씀처럼, 곧 굶주린 이들에게 먹을 것을 주고 헐벗은 이들에게 입을 것을 주는 것처럼 선행은 모든 사람에게 베풀어야 한다. 그리스도인은 모든 이들에게 사랑을 베풀며 모든 이들의 빛이 되어야 한다. 가장 보잘것없는 형제자매에게 해 주는 것이 곧 그리스도 그분에게 해 드리는 것임을 그리스도인은 알아야 한다(마태 25,40 참조).

그리스도인의 언행은 누구나 분명히 볼 수 있어야 한다. 그리스도인이 무엇을 행하는지, 기도를 통해 무엇을 전하는지, 그리고 다른 사람을 위해 어떻게 애쓰는지 누구나 알 수 있어야 한다. 그리스도인은 숨으면 안 된다. 예수님의 제자들은 갈릴래아의 시시한 마을 출신이다. 하지만 그분은 당신 제자들이 그들의 존재와 행동으로써 온 세상을 밝게 비출 수 있다고 신뢰한다. 그리스도인의 새 행동을 보고 사람들은 하늘에 계신 아버지를 찬양하게 된다. 그리스도인이 세상의 빛이 됨으로써 사람들이 하느님의 빛과 영광에 눈뜨게 된다. 그리고 사람들이 우리의 하느님 찬양에 동참함으로써 그분의 나라가 오늘 우리 가운데서 드러나게 된다.

우리가 그리스도인이라고 절로 세상의 빛과 소금이 되는 것은 아니다. 우리가 이 사명에 부응할 수 있기를, 바로 하느님 나라의 도래를 향한 청원에서 비는 것이다. 마태오 복음서가 전하는 것처럼 우리는 이 세상에 대한 책임이 있다. 그리스도인은 예수님의 영에 온통 사로잡힘으로써 온 세상이 제 맛을 내게 하는 소금이 되고, 세상을 밝게 비추는 빛이 된다. 교회는 아무리 작더라도 세상의 누룩이 되어야 한다. 세상을 예수님의 영으로 가득 채워야 할 사명이 있다. 그러면 지금 여기서도 그 옛날 예수님이 왔을 때처럼 사람들이 치유되고 밝은 빛이 일어난다.

마태오는 예수님이 이 세상에 오며 이사야 예언자의 예고가 이루어졌음을 보았다. "어둠 속에 사는 백성이 큰 빛을 보았다. 죽음의 그림자가 드리운 땅에 사는 사람들에게 빛이 떠올랐다"(마태 4,16; 참조: 이사 9,1).

그리스도인들의 정치적 책임

마르코가 소금과 빛을 우리 삶에 맛을 내 주고 우리를 밝게 비춰 주는 '예수님 말씀'의 상징으로 쓰는 반면, 마태오는 이 두 상징을 '그리스도인'과 관련지어 해석한다. 그리스도인의 공동체는 세상의 소금과 빛이 되어야 할 사명이 있다는 것이다.

그리스도인은 이 세상에 대한 책임이 있다. 그리스도인이 예수님의 말씀에 따라 살아가면 그 주위에 영향을 미치기 마련이다. 그리스도인의 새로운 태도와 행동을 통해 하느님 나라가 사람들에게 다가오고 이 세상 안에 드러난다. 바로 이것이 이 청원의 정치적 차원이다. 모든 그리스도인이 정치적 투신을 분명히 하는 것은 아니더라도, 그럼에도 누구나 각자의 영성 안에서 이 세상에 대해 책임을 지고 있다.

초기 수도승들도 이것을 잘 알고 있었다. 그들이 세상에서 물러난 것도 세속의 타락에 순응하지 않았기 때문이다. 그 당시 사람들은 그저 먹고 노는 일에만 관심을 보였다. 쾌락만 추구했지 책임이라고는 전혀 몰랐다. 수도승들은 의도적으로 사막으로 물러났다. 악령들이 지배하는 그곳에서 자신들이 어둠을 이겨 낸다면, 온 세상이 조금 더 밝아지리라 믿었던 것이다.

우리 마음에 그리스도의 빛이 비쳐 들게 하면, 곧 그리스도의 빛이 우리의 생각과 언행으로 환히 드러나면 우리 주위의 세상이 더 밝아진다. 세상이 더 인간적이며 그리스도적으로 변화한다. 오늘날 그리스도인에게 중요한 것은 사막으로 물러나는 일보다 세상의 기준에서, 가령 과소비나 권력욕에서 벗어나는 일이다. 그리스도인의 빛이 이 세상에서 환히 빛나야 한다. 하지만 그리스도인의 빛은 이 세상에 그 빛을 빼앗겨 어두워지지 않아야 비로소 환히 발할 수 있다.

마찬가지로 그리스도인의 공동체도 용서와 화해를 실천하는 친교를 통해 세상의 빛이 될 수 있다. 두 사람이나 세 사람이 하느님의 사랑을 함께 실천하면 그들로부터 온 세상을 변화시키는 어떤 것이 흘러나온다.

복음사가 루카는 공동체의 증언을 특히 중시한다. 루카는 사도행전에서 그리스도인의 첫 공동체를 한마음, 한 정신으로 살아가는 사람들로 묘사한다(사도 2,44-46 참조). 유다인과 그리스인, 남자와 여자, 빈자와 부자가 더불어 살아가는 삶이 루카에게는 하느님 나라의 참된 도래를 보여주는 표지였다. 그리고 이 더불어 삶 안에서 하느님 나라가 이 세상에 그 모습을 일부 드러냈다.

그러나 하느님의 나라가 완전히 온 것은 아니다. 지금도 계속 오고 있다. 하느님 나라가 도래할 때는 "가난한 이들, 빼앗긴 이들, 억눌린 이들에게 정의가 점점 실현될 때다. 형제자매애, 일치, 참여, 불가침적 인간 존엄을 위한 유대가 회복된다면, 언제라도 하느님의 나라가 동터 올 것이다"(Boff 104-105). "하느님 나라가 오게 하소서"라고 우리가 청원할 때는 그분께서 조금 더 정의로운 세상을 만들어 주시리라는 희망을 드러내는 것이다. 하지만 또 우리는 이 청원을 바치며 정의로운 세상을 향한 투쟁을 위해 우리의 각오를 다지기도 해야 한다. 하느님의 나라는 이런 세상에서 이미 오늘 드러나는 것이다.

루카는 원공동체라는 친교의 공동체를 이 세상의 본보기로 묘사한다. 세계화 시대인 오늘날, 세상의 빛이 되어야 할 그리스도인에게는 또 다른 사명이 생겼다. 우리 공동체가 모든 민족과 모든 문화의 사람들을 받아들여 서로 화해하는 공동체, 곧 서로 조화로운 다문화 공동체의 모범이 되는 것도 물론 중요하지만, 더 나아가 그리스도인이 아닌 이들과 더불어 살아가는 세상을 만드는 것 또한 이제 중요하다.

우리는 교회가 선교의 역사에서 끊임없이 개종을 강요해 온 것을 알고 있다. 그때나 지금이나 강제적 개종은 옳지 않다. 오늘날 우리는 그리스도인이 되라고 강요해서는 안 되고, 또 그렇게 할 수도 없다. 오히려 우리는 다른 종교 안에서 살아가는 사람들의 체험을 존중해야 한다. 그들과 대화를 나누며 우리가 무엇을 배울 수 있는지 경청해야 한다. 또 동시에 우리의 마음을 움직이고 있는 희망을 증언해야 한다.

오늘날 그리스도교를 비롯한 여러 종교는 모두 다 함께 조금 더 인도적인 세계를 위한 누룩이 될 수 있다. 세계화가 오직 경제적 척도에 따라 진행되고 더 큰 권력만 중시된다면 그것은 우리 세계에 저주가 될 것이다. 하지만 대화를 통해 서로가 공유하고 있는 것을 살펴본다면 우리는 공동의 가치를 소중히 간직하게 될 것이다.

이것은 그러나 여러 종교의 혼합이 아니라, 서로 결속하여 더불어 살아가는 것이다. 언제나 우리 그리스도인은 예수님의 가르침을 믿고 따르며 정체성을 분명히 해야 한다. 우리의 정체성은 우리의 신앙에서, 또 산상 설교에 따르면 우리의 새로운 태도와 행동에서 드러난다. 그리고 예수님의 정신을 반영하는 이 태도와 행동이 이 세상을 밝게 비춘다.

하느님 나라의 신비적 차원

'하느님의 나라가 오게 하소서'라는 청원에는 신비적 차원도 있다. 루카 복음서에서 예수님은 하느님의 나라가 이미 우리 가운데에 있다고 말한다(루카 17,21 참조). 마르틴 루터는 이 구절을 자신의 번역본에서 이렇게 멋지게 옮겼다. "하느님의 나라는 밖으로 드러나며 오지 않는다. 또는 '보라, 여기에 있다', 혹은 '저기에 있다' 하고 사람들이 말하지도 않을 것이다. 보라, 하느님의 나라는 너희 안에 있다"(루카 17,20-21).

"밖으로 드러나며"라는 말이 그리스어 본문에는 "지켜보는 가운데"로 되어 있다. 우리는 하느님의 나라를 볼 수 없다. 그 나라는 밖으로 드러나지 않는다. 그 나라는 우리 영혼의 내면에 있다. 그 내면은 누구나 자기 안에 가지고 있는 고요한 영역이다. 하지만 이 영역은 대개 상념의 소란이나 세상의 소동 탓에 막혀 있다. 우리는 기도를 통해 하느님이 우리 안에서 머물며 다스리시는 이 고요한 영역에 맞닿아야 한다. 하느님이 우리 안에서 다스리시는 그곳에서 우리는 자유롭다. 그곳에서 타인은 우리를 어찌하지 못한다. 타인의 요구나 기대, 평가 따위는 그곳으로 파고들지 못한다. 또한 우리 자신의 자기비하, 불안, 두려움, 죄책감도 함부로 들어오지 못한다.

하느님이 우리 안에서 다스리시는 그곳에서 우리는 참

된 본성에 도달한다. 하느님께서 뜻하셨던 순수하고 본질적인 모습을 그곳에서 만난다. 그곳에서 우리는 하느님과 하나가 된다. 신비이신 하느님이 우리 안에 머무시는 그곳에서 우리는 내 집처럼 편히 쉰다. 하느님이 우리 안에서 다스리시는 그곳에서 우리는 참으로 자유롭다. 또한 우리의 참된 자기를 마주한다. 그리스도께서 우리 안에 계시는 그곳에서 우리는 이 비참한 세상 가운데서도 흠결 없이 온전하다. 우리의 깊디깊은 본질은 죄에 더럽혀지지 않고, 오히려 예수님의 영에 사로잡혀 있다.

우리는 그곳에서 '참된 자기'(*autos*)와 만나고 영혼의 내밀한 성소聖所에 이른다. 우리는 진짜배기가 된다. 하느님이 우리 안에서 빛을 발하시는 그곳에서는 모든 것이 맑고 밝아진다. 그곳에서는 모든 것이 환히 밝혀진다. 우리는 우리 안에 있는 본질을, 다른 것이 섞이지 않고 때 묻지도 않았으며 흠결도 없는 본질을 만난다. 그리고 신비이신 하느님이 우리 안에 머무시는 그곳에서 우리는 내 집을 체험한다. 신비가 거하는 그곳에서만 인간은 내 집에 머물 수 있다.

하느님 나라의 도래를 향한 청원은 결국 내면의 나라를,

우리 영혼의 속 깊은 성소를 신비적으로 체험하길 원하는 청원이다. 그곳에서 우리는 하느님과 하나가 된다. 그분에 의해 자유롭고 온전하고 순정하게 된다. 그분에 의해 본질적 모습, 진실한 모습이 된다.

아버지의 뜻이 하늘에서와 같이
땅에서도 이루어지게 하소서

루카 복음서에는 이 청원이 없다. 루카는 청원이 지향하는 바가 "아버지의 나라가 오게 하소서"라는 청원을 통해 이미 실현되었다고 보는 것이다. 하느님 나라가 온다는 것은 세상이 아닌, 하느님이 우리 안에서 다스리신다는 것을 의미한다. 그리고 우리의 의지가 아닌, 하느님의 의지가 우리의 행동을 결정한다는 것을 의미한다.

반면 마태오 복음서에서는 하느님 이름의 성화와 하느님 나라의 도래라는 두 청원이 셋째 청원에서, 이른바 이 땅과 연결된다. 하느님의 나라가 여기 이 땅에서 드러나고 하느님의 뜻이 우리 안에서 이루어져, 또한 이 땅도 하느님에 의해 다스려지고 규정되어야 한다는 것이다.

이 청원을 어려워하는 이들이 많다. 그들은 하느님의 뜻이 종잡을 수 없다고 느낀다. 그분의 뜻이 자신의 뜻과 대립한다고 생각한다. 그래서 그분의 뜻에 마냥 순종할 수는 없다고 판단한다. 그리하면 자기 자신을 포기하는 것만 같기 때문이다.

우리가 하느님의 뜻에서 무엇을 연상하는지는 자기 아버지나 어머니의 뜻을 어떻게 경험했는지에 좌우되는 경우가 많다. 아버지가 자녀를 멋대로 처벌했거나, 자녀의 말에 귀 기울이지 않고 자신의 뜻을 독단적으로 관철했다면 하느님의 뜻이 이루어지기를 바라는 이 청원은 오히려 불안과 저항을 불러일으킬 것이다.

하지만 아버지나 어머니의 뜻을, 우리가 굳게 의지하며 용기를 얻었던 힘으로 체험했다면 이 청원을 긍정적으로 여길 것이다. 인간의 뜻이 아닌 하느님의 뜻이 이루어지면 우리에게 복되리라는 사실을 예감할 것이다. 인간의 뜻은 제멋대로라서, 때로는 이 세상에 불의와 시련을 일으키려 든다.

하느님의 뜻과 우리의 뜻

우리는 하느님의 뜻이 의도하는 바에 정확히 귀 기울여야 한다. 그런데 하느님의 뜻과 우리의 뜻은 어떤 관계가 있는가? 우리의 뜻은 틀렸는가? 그래서 정말 굽혀야만 하는가? 그렇다면 왜 하느님은 우리에게 뜻(의지)을 주셨는가?

그런데 예수님 당신은 인간의 뜻에 거듭 호소한다. 벳자

타 못 가에서 예수님이 불구자에게 묻는다. "건강해지고 싶으냐?"(요한 5,6). 우리가 건강해지려면, 우리가 예수님을 따르며 그분 가르침을 우리 삶에서 행하려면 '뜻'이 중요하다. 그러나 고집스러운 뜻이란 것도 있다. 성 베네딕도는 말하기를, 우리는 하느님께 순종하여 자신의 뜻을 내려놓아야 한다고 했다. 이것은 무엇을 의미하는가?

우리 내면에는 다양한 차원의 뜻이 있다. 가령 표면적인 뜻에서 우리는 이렇게 말한다. "이제 거기로 곧 갈 거야." "지금은 영 관심이 없어." "지금은 뭐라도 좀 먹어야겠어." 이런 표면적인 뜻은 하느님의 뜻과 흔히 상충된다. 표면적인 뜻은 우리의 욕구와 기분에 좌우되며, 그분께서 우리에게 원하시는 것이나 참으로 우리에게 좋은 것이 무엇인지 묻지 않는다.

하지만 침묵 속에서 우리 영혼의 바탕에 이르면, 우리에게 좋은 것이 무엇인지 거기서 세심히 살피면, 그 깊은 곳에서는 그분의 뜻과 우리의 뜻이 다르지 않음을 알게 된다. 테살로니카 신자들에게 보낸 첫째 서간에서 바오로는 이렇게 말한다. "하느님의 뜻은 바로 여러분이 거룩한 사람이 되는 것입니다"(1테살 4,3). 하느님의 뜻은 우리가 온전해지고, 당신께서 부여하신 우리의 본원적 소명을 깨닫는 것이다.

우리의 가장 속 깊은 '나'의 뜻을 향해, 그리고 그 속에서 하느님의 뜻을 향해 곧장 나아가려면 번번이 힘겨운 분투가 필요하다. 예수님도 올리브 산에서 고투 끝에 하느님의 뜻을 깨달아야 했다. 그분의 인간적 자아는 고난의 길을, 잔혹한 십자가 죽음의 길을 두려워했다. 하지만 예수님은 기도 중에 그것이 하느님의 뜻임을, 그리고 그것이 결국 당신의 본원적 사명임을 깨달았다. 그래서 기도 중에 당신을 그분의 뜻에 맡김으로써 당신 자신과의 평화를 얻을 수 있었다.

하느님의 뜻이 이루어지기를 청원할 때 우리는 두려워할 필요가 없다. 그분께서 전횡을 휘둘러 우리의 본성이 상하지는 않을까 걱정하지 않아도 된다. 그분의 뜻은, 우리가 우리의 참된 본성에 맞게 진짜배기로서 살아가는 것이다.

초기 수도승들은 그분의 뜻과 우리의 뜻을 그 작용을 보고 판별했다. 그분의 뜻은 우리 안에 평화와 생기, 자유와 사랑을 일으킨다. 반대로 우리의 표면적인 뜻은 산란함을,

때로는 완고함과 부담감과 편협함을 야기한다.

하느님의 뜻이 이 땅에서도 이루어지기를 청원할 때 우리는 그분의 구원을 통해 우리가 온전하게 되리라고 생각한다. 또 우리가 우리의 내밀한 본성과 하나가 되리라고 기원한다. 하지만 한편 우리는 이 청원에 숨어 있는 위험을 예감한다. 우리가 삶에 대해 강한 고정관념을 품고 있기 때문이다. 우리는 그분의 뜻을 실천하면 늘 건강하고 불행이 닥치지 않으리라 기대한다. 하지만 우리는 병이 들거나 사랑하는 사람을 잃기도 한다. 그것은 진정 하느님의 뜻인가?

우리는 불행을 하느님의 뜻으로 여겨서는 안 된다. 그분의 뜻이 이루어지기를 기도하는 것은, 우리 삶에 이해할 수 없는 뜻밖의 일이 닥치더라도 그분의 뜻을 따르겠다는 각오를 밝히는 것이다. 그리고 우리는 깨달아야 한다. 삶에 대한 고정관념과 작별해야 한다. 그분께서 내 삶을 위해 예비하신 길은 전혀 다른 길일 수도 있다. 하지만 결국 그 길은 내 참된 본성에 부합하는 길이다.

그러므로 하느님의 뜻이 이루어지기를 기도하는 것은 더 이상 자신의 생각을 관철하려 드는 대신, 그분께서 뜻하신 내 본디 모습과 참된 본성을 알아채고 이것을 내 안에서 체현하기 위해 그분과 씨름하는 것이다. 그리스의 위대한 교부 오리게네스는 주님의 기도의 이 청원을 같은 의미에서 이해했다. "하느님의 뜻이 하늘에서 주재하는 것처럼 우리에 의해 땅에서도 실현되면, 곧 우리는 하늘의 백성과 동등해질 것이니, 우리도 그들처럼 천상의 모습을 우리 안에 지니고 있기 때문이다. 그리고 우리는 하늘 나라를 상속받을 것이다"(Bader 28에서 재인용).

신비가 니사의 그레고리우스는 하느님의 뜻에서 우리가 온전하게 살아갈 수 있는 조건을 발견했다. 우리는 그분의 뜻에서 벗어날 때 병이 든다. "하느님의 뜻은 인간의 온전함이다. '당신의 뜻이 내 안에서도 이루어지소서'라고 그분께 말씀드리기로 결심하려면, 그 전에 그분의 뜻과 어긋나는 삶을 버려야 한다"(Bader 31에서 재인용).

예수님이 하느님의 뜻을 온전히 이루다

성경을 보면 예수님이 아버지의 뜻에 어떻게 순종했는지 알 수 있다. 하느님의 뜻이 이루어지기를 바라는 청원은 그래서 예수님과의 긴밀한 친교에 이르는 길이기도 하다.

히브리서는 다음 시편 말씀을 예수님의 입으로 전한다. "그리하여 제가 아뢰었습니다. '보십시오, 하느님! 두루마리에 저에 관하여 기록된 대로 저는 당신의 뜻을 이루러 왔습니다'"(히브 10,7; 참조: 시편 40,9). 그리고 예수님이 하느님의 뜻에 순종하는 법을 어떻게 배워야 했는지 서술한다. "예수님께서는 아드님이시지만 고난을 겪으심으로써 순종을 배우셨습니다. 그리고 완전하게 되신 뒤에는 당신께 순종하는 모든 이에게 영원한 구원의 근원이 되셨습니다"(히브 5,8-9). 요한 복음서를 보아도 예수님은 당신의 뜻이 아니라 당신 아버지의 뜻을 행할 뿐이라고 거듭 강조한다(참조: 요한 4,34; 5,30).

특히 마태오 복음서에서 예수님은 단지 길만 알려 주는 스승이 아니라, 당신의 말씀을 충실히 실천하는 스승이다. 올리브 산에서 예수님은 당신께서 가르쳐 준 주님의 기도의 청원을 직접 왼다. 죽음의 잔이 당신을 비껴가게 해 주시길 두 차례 간청하는데, 첫 번째 간청에서 이렇게 덧붙인다. "그러나 제가 원하는 대로 하지 마시고 아버지께서 원하시는 대로 하십시오"(마태 26,39).

두 번째 간청은 더 순종적인 어조다. "아버지, 이 잔이 비켜 갈 수 없는 것이라서 제가 마셔야 한다면, 아버지의 뜻이 이루어지게 하십시오"(마태 26,42). 예수님은 십자가 위에서 하느님의 뜻을 완수했다. 하지만 하느님의 뜻이 예수님의 뜻을 좌절시키거나, 아예 꺾어 버린 것은 아니었다. 목숨을 지키려 한 예수님의 뜻과 하느님의 뜻이 어긋나기는 했다. 하지만 기도 중에 예수님은, 결국은 십자가 죽음에 이르는 그 길이 당신의 사명임을 깨달았다. 예수님의 죽음은 하느님 사랑의 완성이었다. 예수님이 하느님께 순종하여 인간의 구원자가 되었음이 이로써 드러났다.

우리는 주님의 기도를 바치며 죽음에까지 이르는 예수님의 헌신을 묵상한다. 그리고 예수님이 당신 아버지와 벌인 분투와 그에 뒤따른 순종에 동참한다. 주님의 기도에서 우리는 예수님의 영과 사랑을 느끼고, 우리도 그분처럼 아버지의 뜻에 몸 바칠 수 있기를 바란다.

다른 한편 우리는 인간의 치유를 청원할 수도 있다. 예를 들어 하느님께서 병든 사람을 낫게 해 주시기를, 위험에 처한 여인을 지켜 주시기를 기도할 수 있다. 하느님의 뜻이 인간의 구원과 치유라는 것을 우리는 믿는다. 그러나 어떤 기도를 바치든 결국은 하느님의 뜻에 순종한다.

모든 기도는 "아멘", 곧 "당신의 뜻이 이루어지소서"라는 말로 끝난다. 이것은 제념이 아니다. 우리에게, 그리고 우리가 기도를 해 주는 이들에게 가장 좋은 것은 하느님의 뜻임을 믿는 것이다. 우리는 그분께 우리의 소망과 청원을 바치며, 동시에 그분의 뜻에 순종한다. 그분의 뜻은 우리의 구원임을 신뢰한다. 이것을 우리는 성가로 부르기도 한다. "내 하느님 뜻하시는 것, 세세에 이루어지소서. 그분의 뜻, 가장 좋은 것이로다. 당신을 굳게 믿는 이를 기꺼이 도우시네. 신실하신 하느님, 그분은 곤경에서 구해 주시고, 한량없이 뭇사람을 위로하시네. 하느님을 믿고 그분을 굳게 의지하는 이를 그분은 버리지 않으시네."

하느님의 뜻과 산상 설교의 여섯 가지 대당명제

하느님의 뜻이 이루어지기를 바라는 청원은 여섯 가지 대당명제를 통해 완수된다. 예수님은 산상 설교에서 여섯 가지 대당명제를 제시하며 당신 제자들이 따라야 할 새로운 의로움에 대해 상세하게 설명한다. 하느님의 뜻은 우리의 새로운 태도와 행동을 통해 이 땅에서도 드러나야 한다.

마태오는 유다교 스승들의 구약성경 계명 해석과, 하느

님의 권위를 지니고 개진하는 예수님의 해석을 여섯 차례에 걸쳐 대조한다. 예수님이 당신 제자들에게 기대하는 새로운 태도와 행동에는 율법학자들과 바리사이들의 의로움을 압도하는 의로움이 들어 있다(마태 5,20 참조).

여기서 예수님은 구약성경의 율법을 대체하는 게 아니라, 오히려 완성한다. 예수님의 말씀은 구약성경 계명의 참뜻을 바로 이해하기 위한 문이다. 예수님의 새로운 관점의 핵심은 사랑이다. "사랑은 율법과 예언서의 폐기가 아니라 완성이다"(Luz 250). 예수님에게 중요한 문제는 율법의 강화도 폐기도 아니며, 모든 계명의 바탕에 깔려 있는 진의다. 그분은 율법의 문자에 머물러 있지 않고, 하느님의 진의를 깨닫는 길을 알려 준다(Limbeck 85-86 참조).

과거의 연구는 산상 설교의 대당명제를 대개 반反유다주의적으로 해석했다. 그러나 이것은 편견이었다. 대당명제의 상당한 내용은 바로 율법 이해를 둘러싼 유다교 내의 논쟁을 통해 이해할 수 있다. 대당명제에서 예수님은 급진성을 보여 준다. 한편으로는 사랑을 모든 계명의 중심에 놓고, 다른 한편으로는 계명을 인간의 실존 전체와 관련지어 해석한다. 여기서 예수님은 단순한 '심정윤리'

(Gesinnungsethik)가 아니라, 새로운 태도와 행동을 요구하는 윤리를 선포한다. 이런 새 태도와 행동은 하느님께 마음을 온전히 엶으로써 비롯되는 것이다.

예수님은 생각과 감정에서 시작한다. 겉으로만 계명을 지키고 속으로는 분노와 울분이 가득 찬 사람은 의로운 것이 아니며, 하느님 사랑에 사로잡힌 것도 아니다. 그래서 무엇보다 중요한 일이 분노와 원한을 마음에서 씻어 내는 것이다. 하지만 이것은 마음에 품은 적대자와 화해해야만 가능할 수 있다(마태 5,21-26 참조).

대당명제를 해석할 때는 예수님의 말씀을 객관적 입장만 아니라, 주관적 입장에서 바라보는 것도 도움이 된다. 법정까지 가기 전에 적대자와 화해할 것을 예수님이 재촉하는 것은, 우리가 내면의 적과 대화하고 화해해야 한다는 것을 뜻하기도 한다(마태 5,25-26 참조). 그렇지 않으면 내면의 재판관, 곧 초자아가 우리를 '자책'이란 '형리'에게 넘겨 '강박관념'과 '불안'이란 '감옥'에 가둘 것이다. 일단 내면의 감옥에 갇히면, 결코 쉽게 나올 수 없다. 이것은 양심의 가책을 심하게 느끼는 이들을 보면 알 수 있는데, 그들은 자책에 휩싸여 거기서 빠져나오는 길을 찾지 못한다.

오른 눈과 오른손이 우리를 죄짓게 하면 그것을 빼 던지고 잘라 버리라고 하는 말씀은, 당연히 자해를 요구하는 것이 아니다. 그러한 행위는 유다인에게 금지되어 있었다. 여기서 예수님의 사유는 분명 유다적이다. 예수님은 당신의 말씀에 상징을 썼다. 오른 눈은 모든 것을 판단하고 평가한다. 간파하고 적발하고 폭로한다. 오른손은 모든 것을 취하려 하고 '손대려' 한다. 원하는 것은 무엇이든 몰래라도 할 수 있다고 믿는다. 이런 의식적 측면은 '가지치기'를 해야 한다. 그래야 무의식적 측면, 곧 왼쪽 측면이 제 목소리를 낸다.

반면에 왼 눈은 경탄할 줄 알며, 평가하지 않고 바라보고, 인간과 사물을 있는 그대로 둔다. 왼손은 수용하고 관계를 창출한다. 의식적 측면에만 치우쳐서 살아가는 사람은, 자신의 무의식적 욕구와 힘이란 '지옥'에 떨어져 '갈가리 찢긴다'. 예수님의 모든 말씀은 우리를 생명으로 초대하는 말씀이다. 우리가 편파적이거나 자기파괴적으로 살지 않게 하려는 말씀이다.

복수와 원수 사랑에 대한 말씀은 일종의 자극이다. 여기서 예수님은 소극적 태도를 권하는 게 아니라, 오히려 악을 새로운 식으로 이겨 내는 법을 가르쳐 준다. 예수님이 드는 네 가지 예시는 계명이 아니다(마태 5,38-42 참조). 악을 넘어서는 사랑의 구체적 사례다. 하느님께 조건 없이 사랑받고 있음을 아는 사람은 자신의 권리를 지키려고 재판을 걸거나 폭력에 폭력으로 답할 이유가 없다. 하느님이 자신을 지켜 주고 계심을 알기 때문이다.

뺨을 때린다는 것은 유다인들에게 폭행의 표시라기보다는 모욕의 표시다. 자신이 하느님에게 존중받고 있음을 아는 사람은, 자기 명예가 손상될까 염려할 필요가 없다. 하느님이 자신을 지켜 주심을 아는 사람은, 밤이면 이불처럼 따뜻하게 덮을 겉옷조차 다른 사람에게 벗어 줄 수 있다. 그리고 하느님 사랑 안에서 쉬는 사람은, 천 걸음 동행할 것을 강요하는 로마 점령군 병사(예수님 당시의 법규로는 가능했다)에게 이천 걸음을 함께 걸어 줌으로써, 그 병사를 친구로 만들 수 있다. 하느님 사랑 안에서 쉬는 사람은 자신을 향한 적대감에 맞서기보다, 오히려 적대자 안에서 친구가 될 수 있는 사람을 알아본다.

이로써 예수님은 폭력에는 폭력, 증오에는 증오, 모욕에는 모욕으로 답하는 악순환을 끊고, 더불어 살아가는 삶을 이룰 수 있는 행동 방식을 제시한다.

교부들은 여섯 대당명제 가운데 하나로 촉구된 원수 사랑을 그리스도인의 새로운 참된 표지로 인식하고 찬미했다. 이 진기한 계명에 깜짝 놀란 것은 이교인들도 마찬가지였다.

나를 싫어하는 사람이나 내가 싫어하는 사람까지 감싸 안는 사랑은, 하지만 유다인이나 그리스인 스승들도 요구한 바다. 마르쿠스 아우렐리아누스는 말했다. "우리를 욕보인 이들까지 사랑하는 것이 우리 인간에게 내려진 각별한 사명이다"(Gnilka 192에서 재인용). 스토아철학도 내면의 자유와 모든 인간의 친족성을 근거로 원수 사랑을 요구했고, 불교도 원수 사랑을 언급했다(Gnilka 191 참조).

그러니 그리스도교는 원수 사랑의 계명을 남용하여 다른 종교에 대한 우월성을 주장해서는 안 된다. 중요한 것은 원수를 사랑해야 하는 이유에 대한, 예수님 특유의 논증을 이해하는 일이다. "그러나 나는 너희에게 말한다. 너희는 원수를 사랑하여라. 그리고 너희를 박해하는 자들을 위하여 기도하여라. 그래야 너희가 하늘에 계신 너희 아버지의 자녀가 될 수 있다"(마태 5,44-45).

예수님은 원수 사랑의 한 방법으로 원수를 위한 기도를 제시한다. 기도 중에 나는 원수를 꼭 붙잡고 하느님께 데려가서 그분께 맡겨 드린다. 그러면 그분께서 원수와 원수의 영혼에 좋은 것을 해 주실 것이다. 원수를 사랑하는 사람은, 그로써 자신이 하느님의 아들딸임을 드러낸다. 원수 사랑은 하느님 자녀됨의 표지다. 원수 사랑을 통해 우리는 악인에게나 선인에게나 당신의 해가 떠오르게 하시고, 의로운 이에게나 불의한 이에게나 비를 내려 주시는 하느님의 행동을 본받는다(마태 5,45 참조).

또한 우리는 원수 사랑을 실천하며 하느님과 새삼 더 가까워진다. 이처럼 원수를 달리 대함으로써 우리는 하느님을 또한 새롭게 체험한다. 이런 새로운 태도와 행동은 마태오에게 단지 새로운 실존의 표현에 그치는 게 아니라, 새로운 실존을 체험하기 위한 구체적인 수련 방법이기도 하다. 원수 사랑을 통해 우리가 자비하신 아버지의 아들딸임을 체험하는 것이다.

카를 구스타프 융은 원수를 사랑하라는 예수님의 요구를, 우선 자기 안에 있는 원수를 사랑해야 한다는 의미로 해석했다. 그래야 비로소 밖에서 우리를 위협하는 원수도 사랑할 수 있다. 자기 안의 원수를 먼저 사랑해야, 우리를 해치려는 원수에게서 우리와 똑같이 파괴적 충동에 지배받는 형제자매를 알아보게 되기 때문이다. 우리는 우리 안에서 확인한 악을 원수 안에서도 발견한다.

적대 관계는 흔히 투사에 의해 생겨난다. A는 자기 자신에게서 받아들이지 못하는 것을 B에게 투사한다. 그런데 B가 자기 자신을 잘 알고 또 받아들인다면, 그는 이 투사에 휘둘리지 않고 그것을 인지한다. B는 자기(A)의 악의적인 면을 상대(B)에게 투사하는 A의 원수가 되지 않는다. B는 A에게서 자기 자신과, 그리고 자기 삶과 평화롭게 지내기를 갈망하는 사람을 알아본다.

다른 한편 원수 사랑은, 원수에게 어떤 제지도 해서는 안 된다는 것을 의미하지는 않는다. 누군가 아무런 제지도 없이 파괴적 성벽性癖에 따라 살아간다면 당연히 안 될 일이다. 그런 사람에게는 타인의 제지가 필요하다. 하지만 동시에 내면의 악한 면모를 치유해 줄 수 있는 사랑도 필요하다.

원수를 사랑하는 사람은 하느님의 완전하심에 참여하는 것이다. 그리스어 '텔레이오스'*teleios*에는 '완전한'이란 뜻만 아니라, '나뉘지 않은', '깨지지 않은', '총체적인', '결함 없는'이란 뜻도 있다.

하느님은 완전하시니, 나뉘지 않은 사랑으로 인간을 향하시기 때문이다. 인간이 예수님의 법, "완전한 법, 곧 자유의 법"(야고 1,25)을 따르면 몸소 완전하신 하느님과 함께하게 된다.

여기서도 우리는 다음과 같은 긴장 관계에 유념해야 한다. 한편으로는 완전하신 하느님에 대한 체험이 새로운 태도와 행동을 가능하게 하지만, 다른 한편으로는 예수님이 촉구하는 태도와 행동 또한 새로운 하느님 체험으로 이어질 수 있다. 예수님의 가르침을 따르면, 우리가 만들어 놓은 하느님상은 무너지며, 우리 삶은 하느님 때문에 고단해진다. 우리가 그분을 하늘에 계신 아버지로 체험하게 되고, 그분께서 우리에게 힘과 용기를 주시어 갈등과 분열을 겪는 세상에 화해의 발자취를 남기게 된다.

자신이 세상의 이목을 끌고 싶어서 하는 행동을 예수님이 요구하는 행동으로 여겨서는 안 된다. 그분이 바라는 행동은 우리 자신이 하느님의 사랑과 보호를 받는 아들딸임을 앎으로써 하게 되는 성숙한 행동이다. 아버지께서 든든히 지탱해 주시는 덕에 아들딸은 사랑과 평화의 새 길로 나아갈 수 있다.

원수를 사랑할 수 있는 능력은 예수님께서 당신 제자들에게 가르쳐 준 기도 속에서 자라난다. 그리고 원수 사랑은 그리스도인이 나날이 바치는 이 기도에 대한 응답이다. 그리스도인은 주님의 기도를 통해 하느님께 마음을 활짝 연다. 그로써 그리스도인은 자신을 그분의 영에 더 깊이 사로잡히게 하고, 그분의 뜻이 자신 안에서, 또 자신을 통해 더욱더 이루어지게 한다. 그로써 그분의 뜻이 이 세상을 치유하고 변화시키게 한다.

"하느님의 뜻이 하늘에서와 같이 땅에서도 이루어지소서"라는 청원을 통해 우리는 예수님의 태도와 행동에 더 깊이 뿌리내리고 싶은 갈망을 표현한다. 3세기에 카르타고의 키프리아누스는 이렇게 말했다. "하느님의 뜻은 그리스도께서 행하시고 가르치신 바로 그것이다"(Bader 30에서 재인용).

주님의 기도를 바치며 우리는 우리 자신도 예수님이 행한 것을 행할 수 있기를, 우리의 행동을 통해 예수님의 가르침을 따를 수 있기를 청원한다. 하지만 예수님처럼 원수를 사랑하고 인간 내면의 선을 믿는다는 것이 그저 우리 힘만으로 될 수는 없음을 또한 우리는 깨닫는다. 그래서 주님의 기도는 우리를 예수님의 정신과 영으로 더욱더 채운다. 그렇게 우리의 태도와 행동을 통해 그분의 빛이 이 세상에 들어오게 한다.

오늘 저희에게 일용할 양식을 주소서

"하느님의 이름이 거룩하게 되소서." "하느님의 나라가 오소서." "하느님의 뜻이 이루어지소서." 주님의 기도에 있는 지금까지의 청원은 모두 하느님과 관련된 것이었다. 나머지 세 청원은 우리 인간에게 절실히 필요한 것과 관계가 있다.

'양식'(직역은 '빵'이다_옮긴이 주)에 대한 청원은 지극히 보편적인 지향이며, 근본적으로 생계에 대한 지향이다. 이 청원을 통해 우리는 현세에서 필요한 것도 하느님의 도움에 의지하고 있음을 고백한다. 우리가 청하는 양식은 하느님께서 아담에게 하신 말씀을 떠올리게 한다. "너는 … 얼굴에 땀을 흘려야 양식을 먹을 수 있으리라"(창세 3,19). 제힘으로 생계를 꾸려 가려면 많은 고생을 해야 한다. 오늘날도 우리 사회에 있는 수많은 가난한 이들은 불안 속에 살아간다. 가족을 넉넉히 먹이고 입힐 수 있을까, 늙게 되면 쓸 돈을 모아 둘 수 있을까 걱정한다. 일용할 양식에 대한 청원은 하느님께서 우리를 보살펴 주실 것이라는 희망을 굳건히 해 준다.

오늘 하루 생존에 꼭 필요한 양식

예수님은 이 청원에서 이스라엘의 가난한 이들을 염두에 두었던 것이 분명하다. 예수님은 가난한 이들에게 특히 관심을 기울였고, 그들에게 기쁜 소식을 선포했다. 그 기쁜 소식에는 하느님께서 인간의 육신까지 보살피신다는 것도 들어 있었다.

우리는 이 청원을 이스라엘의 가난한 이들과 함께, 또한 우리 세계의 모든 가난한 이들과 함께 드린다. 이로써 우리는 그들과 연결되어 있음을 깨닫는다. 더불어 이 청원이 우리에게 행동을 요구하고 있음을 깨닫는다. 우리는 이 세상 그 누구도 굶지 않게 해야 한다.

예수님은 그런데 이 청원에서 당신의 제자들도 염두에 두고 있었다. 제자들은 스승을 따르기 위해 모든 것을 버렸다. 생업을 포기하고 사람들의 적선에 의존했다. 일용할 양식을 걱정해야 했다. 그렇게 제자들은 자신들을 보살펴 주시고, 사람들로 하여금 적선하게 해 주실 하느님에 대한 신뢰를 연습하고 체득해야 했다.

루카는 양식에 대한 청원을 마태오와 다르게 표현한다. "날마다 저희에게 일용할 양식을 주소서"(루카 11,3). 이것은 이렇게도 번역할 수 있다. "저희에게 필요한 양식을 날마다 주소서."

이 표현에서 루카는, 복음을 선포하며 이리저리 떠돌고, 또 사람들의 도움에 의지하던 제자들을 더는 고려하고 있지 않다. 루카가 의식하는 것은 그리스도인의 삶이 오래도록 계속될 것이라는 사실이다. 그래서 그리스도인은 하느님의 보살피심에 대한 신뢰를 날마다 연습하고 체득해야 한다.

헤르만-요제프 베네츠는 루카의 표현에 관해 이처럼 풀이한다. "이렇게 기도하는 사람들은 바로 오늘(또는 내일)만 생각하는 것이 아니다. 그들은 하느님께서 나날이 온전히 보살펴 주시기를 미래를 위해서도 간구하는 것이다. 그래서 가난하고 굶주린 사람들만 이렇게 기도하는 것은 아니다. 정주定住 가족, 남성 가장, 여성 가장 등 지금 당장 서로를 책임지고 있으며, 또 앞으로도 책임져야 할 사람들도 이처럼 기도하게 된다. 그래서 양식에 대한 청원은 루카 복음서의 표현이 우리의 삶의 방식에 더 부합한다. 그것은 서로 간의 책임으로 형성되고 지탱되는 삶의 방식이다" (Venetz 67).

우리는 주님의 기도에서 일용할 양식을 청원한다. 그런데 예수님이 기적을 일으켜 오천 명을 먹일 때, 빵은 모든 사람에게 나뉘었다. 다시 말해 이 청원은 우리에게 다른 이들도 살펴볼 것을 요구한다. 양식을 청원할 때는 결코 우리 자신만 아니라, 곤궁에 처한 다른 모든 이들까지 의식해야 한다. 이 기도는 먹을 것이 없는 모든 사람을 우리가 민감하게 의식하게 한다. 또한 이 기도는 모든 사람이 먹을 것을 얻을 수 있게 우리에게 행동을 요구한다. 레오나르도 보프는 촉구한다. "함께 생산하는 양식은, 함께 나누어야 하며, 또한 함께 먹어야 한다. 그럴 때만 우리는 우리의 일용할 양식을 위해 진실로 기도할 수 있다. 하느님은 나 자신만을 위한 양식을 청하는 기도는 들어주시지 않는다"(Boff 129).

교부들은 주님의 기도에 있는 양식에 대한 청원을 나날의 생계와 연결 지었다. 그들은 그리스도인들에게 재물이나 사치가 아니라 양식을 위해 기도해야 한다고 권면했다. 예를 들어 니사의 그레고리우스는 말했다. "우리는 육신의 생존을 유지할 만큼만 청해야 하며, 풍부함과 부유함도, 화려한 자포紫袍도, 금붙이와 번쩍이는 보석도 청해서는 안 된다"(Bader 35에서 재인용).

다른 한편 백성들은 양식을 단지 필수품으로만 보지 않고 무엇인가 거룩한 것으로 여겼다. "양식은 외경과 존중의 대상이다"(Boff 141).

주석자들은 '일용할'이란 뜻의 그리스어 '에피우시오스' *epiousios*를 어떻게 번역해야 할지 골머리를 앓았다. 이 청원의 가장 그럴듯한 번역은 "내일을 위한 양식을 오늘 우리에게 주소서"이다. 이 청원은 "사회적으로 궁핍한 상황에, 곧 내일 먹을 식량이 없을지도 모르는 상황에 부합한다"(Luz 347).

이와 달리 마인라트 림베크는 '에피우시오스'를 '생존에 필수적인'으로 번역해야 한다는 입장이다. 그렇다면 이 청원은 "우리에게 꼭 필요한 양식을 오늘 우리에게 주소서"라는 의미다(Limbeck 107).

교부들은 '오늘'만 아니라 '내일'도 염두에 두었다. 예컨대 니사의 그레고리우스는 이렇게 말했다. "주님께서는 '오늘을 위해' 청하라고 분부하심으로써, 내일에 대한 걱정을 금하신다. 이를테면 주님께서 그대에게 이렇게 말씀하셨던 것과 같다. '날을 그대에게 주시는 분이, 그날에 필요한 것도 그대에게 주신다'"(Bader 36에서 재인용). 아우구스티누스는 '오늘'을 이 세상의 상징으로 해석했다. "이 세상에서 우리는 넉넉한 생계를 청원한다. 이것을 우리는 '빵'(양식)이란 개념으로 나타내니, 빵이 생계에서 가장 우선적인 것인 까닭이다"(Bader 37에서 재인용).

내가 생각하는 양식에 대한 청원은 우리가 은혜로이 받은 것을 마땅히 감사해야 한다는 의미다. 당연히 받아도 되는 것은 아무것도 없다. 우리는 세상의 근심과 곤궁 속에서 살더라도 하느님의 품 안에 있다. 우리는 나날의 삶에서도 보살펴 주시기를 그분께 청할 수 있다. 우리는 우리가 해야 할 바를 다하며 살아야 한다. 하지만 여기에는 하느님의 은총과 축복도 필요하다.

성체성사의 빵

예수님은 빵에 또 다른 의미를 부여했다. 예수님 당신이 하늘에서 내려온 빵이다. 그분은 영원한 생명을 주는 빵이다. 그분은 우리를 당신 말씀으로 기른다. 그리고 십자가 죽음을 통해 실증한 당신 사랑으로 우리를 기른다.

곁에 있으면 그 품에서 우리를 먹여 주고 길러 주는 것

같은 사람이 있다. 그것을 제자들은 예수님에게서 체험했다. 오천 명을 먹인 기적에서 예수님은 단지 현세의 빵만 중요한 것이 아니라는 사실을 보여 줬다. 우리 삶에 필요한 것을 바로 당신이 주리라는 것을 가르쳤다. 그러니 이 청원은 우리를 위해 빵이 되신 예수 그리스도를 우리에게 알려 주는 청원이다.

성체성사에서 재현되는 것이 바로 이것이다. 예수님은 성체성사의 빵 안에서 당신 자신을 내어 줌으로써 우리가 당신과 하나가 되게 한다. 빵을 먹는다는 것은, 빵을 완전히 받아들인다는 것을 의미한다. 이처럼 우리는 주님의 기도를 통해 그리스도에게 온전히 사로잡히고, 그리스도로 온통 채워져, 그리스도와 하나가 되어야 한다. 그때는 우리가 예수님이 본을 보인 그대로 살아갈 수 있다.

그러나 빵에 대한 청원을 성체성사와 관련지어 해석한다고 해서 현실의 빵에 대한 청원을 배제하는 것은 아니다. 교부들도 두 청원을 연결 지었으며, 여기에 모순이 있다고 보지도 않았다. 키프리아누스는 말한다. "이 청원은 영적으로도, 글자 그대로도 이해할 수 있다. 두 해석에는 모두 거룩한 유익함이 있으며 구원에 이바지한다. … 우리가 그리스도에게 날마다 생명의 빵을 청하는 것은 그분 안에 있는 우리가, 그분의 거룩한 몸을 날마다 받아 모시는 우리가 그분의 몸과 떨어지지 않기 위해서다"(Bader 37에서 재인용).

아우구스티누스는 우리가 날마다 듣는 말씀도 우리를 기르는 '빵'(양식)이라고 생각했다. "그로써 우리의 배가 아니라 영혼이 살아간다"(Bader 38에서 재인용). 우리는 이 영적 해석을 현세적 해석과 지나치게 대립된 것으로 여겨서는 안 된다. 우리는 언제나 둘 다 필요하다. 생존에 필수적인 빵도, 말씀과 성체성사라는 영적 빵도 다 필요하다. 후자는 우리의 영혼을 길러 주고 우리가 주님의 몸과 하나가 되게 한다. 아우구스티누스가 말했듯이 이로써 "우리는 우리가 받아 모시는 것으로 된다"(Bader 38에서 재인용).

산상 설교의 테두리 안에서 빵 청원의 해석

마태오 복음사가는 빵에 대한 청원에 자기 고유의 해석을 부여했다. 같은 자료에서 유래한 루카 복음서의 평지 설교와 마태오 복음서의 산상 설교를 비교해 보면, 마태오가 "너희도 완전한 사람이 되어야 한다"(마태 5,48; 참조: 루카 6,36)는 말씀과 "남을 심판하지 마라"(마태 7,1; 참조: 루카 6,37)라는 말씀 사이에 6장을 끼워 넣는 것을 알 수 있다.

6장에서 마태오는 "오늘 우리에게 일용할 양식을 주소서"라는 청원을 '걱정하지 말라는 가르침'(마태 6,19-34)을 통해 해석한다. 우리는 그분이 보살펴 주신다는 신뢰 속에서 일용할 양식을 청해야 한다. 조바심 속에서 걱정하며 청해서는 안 된다. 주님의 기도는 우리가 하느님 품 안에 있다는 확신으로 이끌어 가는 기도다.

그러니 보물을 땅에 쌓아 두어서는 안 된다. 재산이 날로 늘어나기를 청해서도 안 된다. 오히려 필요한 것은 내적 자유다. 참으로 중요한 것은 하늘에 보물을 쌓는 것이니, "거기에서는 좀도 녹도 망가뜨리지 못하고, 도둑들이 뚫고 들어오지도 못하며 훔쳐 가지도 못한다. 사실 너의 보물이 있는 곳에 너의 마음도 있다"(마태 6,20-21). 우리가 기도를 바칠 때는 돈이나 빵이 아니라, 하느님이 우리의 보물이 되어야 한다.

예수님은 우리에게 일용할 양식을 청하라고 한다. 하지만 동시에 생계에 대한 걱정을 한 걸음 떨어져 보게 한다. 우리에게 하늘의 새와 들에 핀 나리꽃을 눈여겨보라고 가르친다. 예수님은 우리 삶을 규정짓고 있는 척도를 바로잡고자 한다. 먹을 것과 입을 것 걱정이 아니라, 하느님 나라의 추구가 우리 마음을 움직여야 한다. "하늘의 너희 아버지께서는 이 모든 것이 너희에게 필요함을 아신다. 너희는 먼저 하느님의 나라와 그분의 의로움을 찾아라. 그러면 이 모든 것도 곁들여 받게 될 것이다"(마태 6,32-33).

우리가 생계와 생업을 걱정하는 것은 당연한 일이다. 그러나 우리가 참된 인간인지 아닌지는, 하느님의 나라와 하느님의 의로움을 찾는가 아닌가로 판가름 난다. 하느님이 한 사람 안에서 다스리시면, 그 사람은 참된 인간이 되며, 진실로 자유로워진다. 하느님이 한 사람 안에서 다스리시면, 그 사람은 새로운 의로움을 행하게 된다. 하느님의 '다스림'(나라)이 새로운 태도와 행동으로 드러나게 된다. 바로 이것이 무엇보다 중요한 것이다. 걱정과 불안 속에서 줄곧 자신에게만 빠져 있는 것이 중요할 리는 없다.

우리는 기도 중에 나날의 생계를 걱정해도 좋다. 하지만 또한 기도 중에 그 걱정을 놓아 버려야 한다. "그러므로 내일을 걱정하지 마라. 내일 걱정은 내일이 할 것이다. 그날 고생은 그날로 충분하다"(마태 6,34).

이처럼 마태오는 자신의 복음서 6장에서 주님의 기도의 일용할 양식에 대한 청원에 고유의 해석을 부여했다. 아마 마태오는 그저 넉넉한 양식만 바라며 기도하던 그리스도인들을 의식했을 것이다.

우리는 현세적인 것을 청할 때도 겸손해야 한다. 사실 양식이 없으면 우리가 어떻게 생존하겠는가. 우리는 영적인 인간일 뿐 아니라, 부족한 것도 필요한 것도 많은 인간, 양식에 의존하는 인간이다. 그러나 다른 한편으로 우리는 일용할 양식에 대한 걱정을 상대화해야 한다. 우리 삶의 목표는 하느님 나라다. 우리가 기도 중에 우리 안의 고요한 영역을, 하느님께서 다스리시는 그곳을 알아채면, 먹고 사는 걱정에서 벗어나지는 못하더라도, 그 걱정에만 목매지는 않게 된다. 하느님이 우리 안에서 다스리시면, 아빌라의 데레사가 말한 그 체험을 우리도 하게 된다. "하느님만으로 충분합니다."

저희에게 잘못한 이를 저희도 용서하였듯이, 저희 잘못을 용서하소서

용서에 대한 이 청원은 많은 사람에게 그들을 찔러 대는 가시와 같다. 그들은 이 기도 문구를 따라 외기가 도무지 쉽지 않다. 아무래도 필요한 것은 먼저 기꺼이 용서하려는 마음가짐이다.

주님의 기도는 우리에게 용서를 빌으라고 할 뿐 아니라, 또한 우리 스스로도 형제자매를 용서하라고 요구한다. 아우구스티누스는 이 청원의 전반부인 "우리에게 잘못한 이를 우리가 용서하였듯이"를 똑바로 외워야 한다고 강조한다. 그렇지 않으면 후반부 청원을 드리는 것도 헛일이라는 것이다. 아우구스티누스는 사목자로서 잘 알고 있었다. "때때로 사람들은 입으로는 용서해도, 마음으로는 간직한다"(Bader 43에서 재인용). 이런 용서는 주님의 기도가 우리에게 바라는 용서가 아니다.

니사의 그레고리우스는 말하기를 우리가 타인을 용서하는 것은, 대개는 하느님께 용서받은 체험에 뒤따른다고 했다. 그런데 여기서는 그 순서가 거꾸로 된다. "여느 때는 우리 안의 선善이 하느님을 모방하며 이루어지지만, 이 경우에는 하느님이 우리의 모범을 모방하시리라 감히 바랄 수 있다"(Bader 41에서 재인용). 그레고리우스는 우리가 먼저 용서해야 한다는 데서 출발한다. 그러면 우리는 하느님의 용서를 확신할 수 있다. 물론 둘 다 중요하다. 그분의 무한한 용서에 대한 체험이 우리로 하여금 서로를 용서하게 한다. 하지만 반대로 우리가 서로에게 베푸는 용서가 그분의 용서에 대한 우리의 믿음을 깊어지게도 한다.

용서는 무엇인가?

많은 사람이 자신에게 큰 상처를 준 사람을 용서하기 거부한다. 그들은 아직도 고통을 느끼고 있어서 자신을 괴롭힌 이들을 용서하지 못한다. 용서해야 한다는 말씀에 지나치게 부담을 느껴서는 안 된다. 진심으로 용서할 수 있을 때까지는 오랜 시간이 필요하다. 우리는 우선 고통을 있는 그대로 둔 채 슬퍼해야 한다. 우리에게 상처를 준 사람을 분노의 감정을 통해 멀리해야 한다. 그리고 상처를 받는 과정에서 우리에게 무엇이 일어났는지 이해해야 한다. 그런 후에야 비로소 우리는 용서를 할 수 있게 된다.

용서는 무엇보다 해방의 행위다. 나는 상처를 받으며 내 안에 생겨난 부성적 기운으로부터 나를 해방한다. 그리고 상처를 준 사람에게 묶인 상태에서 나를 풀어 준다. 내가 용서하지 않으면 내게 상처를 준 사람에게 계속 묶여 있게 된다. 이를테면 그 사람에게 나를 좌지우지할 힘을 주는 셈이다. 용서를 통해 나는 그 힘에서 벗어난다. 주님의 기도에서 우리는 기꺼이 용서할 마음이 있음을 공언한다. 감정적으로는 아직 그리되지 않더라도, 그럼에도 우리는 용서의 길에 들어설 각오가 되어 있다. 우리는 내가 받은 모욕에 집착하려 하지 않는다. 주님의 기도는 우리가 받은 상처와 거리를 두고, 이로써 집착을 멈추기 위한 일차적 노력이다.

성 베네딕도는 '용서받음에 대한 청원'과 '용서할 수 있음에 대한 청원'의 정화 작용에 주목했다. 성 베네딕도는 자신이 세운 수도회의 규칙에서, 수도원장이 아침저녁으로 주님의 기도를 큰 소리로 바칠 것을 요구했다.

베네딕도가 제시한 이유는 이렇다. "이는 흔히 일어나는 마음의 가책 때문이니, 기도문 가운데 '우리가 용서하듯이, 우리를 용서하여 주소서'라는 언약을 바침으로써 모여 있는 사람들이 이러한 허물에서 자신들을 깨끗이 하기 위해서이다"(『수도 규칙』 13,12-13). 이 청원을 큰 소리로 입 밖에 내면 타인에 대한 자신의 적의를 고집할 수 없다. 수도자들은 자신이 용서받는다는 것을, 또한 자신을 괴롭히는 모든 것을 자신도 용서해야 한다는 것을 깨닫는다.

이런 긍정적 효과는 가정에서도 발휘된다. 가족이 함께 주님의 기도를 바치면 분위기가 정화된다. 모욕과 상처 때문에 마음에 들러붙어 있던 응어리가 풀어질 수 있다. 그리고 다시금 서로에게 다가갈 수 있다. 이때 모든 것을 철저히 규명하고 논의할 필요는 없다. 때로는 이 청원을 큰 소리로 바치는 것만으로도 서로가 주고받은 상처로부터 멀어지는 데 도움이 된다. 우리는 스스로 자유로워지는 것을 느끼며, 또한 다른 사람에게 새로 시작할 수 있는 기회를 준다. 우리는 서로를 비난하지 않는다. 지금까지와는 달리 편견 없이, 평가 없이, 앙심 없이 서로를 대한다.

마태오는 죄의 용서가 아니라, 잘못(직역은 '빚'이다_옮긴이 주)의 용서에 관해 말한다. 이 잘못은 우리가 다른 사람에게 지고 있는 빚을 가리키며, 언젠가는 그들에게 그 빚을 갚아야 한다는 사실을 일깨운다. 만약 자기 자신을 그저 외면하며 살아간다면 우리는 우리 자신에게 빚진 자로 남는다. 조금 더 정의로운 세상을 위해 투신하지 않는다면 우리는 다른 사람에게 빚진 자로 남는다. 만일 자연환경을 파괴한다면 우리는 자연에 빚진 자로 남는다.

죄는 대개 눈에 잘 안 보인다. 반면 '빚'(잘못)은 우리의 두 눈으로 볼 수 있다. 가령 은행 계좌에서 볼 수 있다. 그리고 또 "우리 자신에게서, 우리의 그릇된 생각과 행동에서, 우리의 이웃과 그들의 노예화에서, 우리의 자연환경과 그것의 억압에서"(Venetz 86) 볼 수 있다.

하느님의 용서가 우리에게만 해당하는 것은 아니다. 그분의 용서는 온 창조물과 관련되는 사건이다. 이 청원을 바칠 때 우리는, 이 세상에 해를 끼친 우리의 잘못을 그분께서 당신의 창조적 행위로 극복하실 것을 신뢰한다. 용서에는 우주적 차원이 있다. 이 세상은 죄를 용서받아야 한다. 또 그로써 우리 자신도 우리를 짓누르는 빚에서 벗어나야 한다.

용서에 대한 청원에서 복음사가 루카는 '빚'이란 말을 '죄'란 말로 대체한다. 당시 그리스어권에서 사람들은 '빚'이란 말에서 하느님 계명의 위반이 아니라, 금전적 부채를 떠올렸다. 이와 달리 '죄'는 그르침을 의미한다. 이것은 인간으로서의 본질로 곧장 나아가지 못하고 스쳐 지나가는 것이다. 곧 하느님께서 우리를 위해 본디 마련해 두신 생명을 거부하는 것이다.

용서의 근거를 논증할 때 루카는 우리가 하느님께 용서 받았으니, 이제 우리도 우리에게 잘못한 이들을 용서한다는 데서 출발한다. 마태오 복음서에서는 이 청원의 전반부가 과거형으로 되어 있다("저희에게 잘못한 이를 저희도 '용서하였듯이'"). 우리는 감히 하느님의 용서를 청하니, 우리가 이미 용서했기 때문이라는 것이다. 이와 달리 루카는 우리가 기꺼이 용서하는 것은, 하느님께 용서를 받은 체험에서 비롯된다고 본다. 어떤 관점에서 보든 우리가 주님의 기도를 바치면 둘 다가 이루어진다. 하느님에 의한 용서와 이웃에 대한 우리의 용서가 이루어진다.

용서의 본보기인 예수님

또한 용서에 대한 청원은 우리를 예수 그리스도의 신비 속으로 인도한다. 예수님은 직접 사람들에게 죄의 용서를 선포했다. 죄인들에게 하느님의 용서를 믿으라고 거듭 격려

했다. 그리고 우리를 위한 그분의 용서가, 곧 그분의 사랑이 십자가 위에서 극명히 드러났다.

루카는 예수님이 십자가 위에서 당신을 죽이는 자들까지 용서했음을 전해 준다. 이로써 우리는 하느님이 용서하지 못할 것은 아무것도 없다는 희망을 얻는다. 그런데 예수님이 단순히 그대들을 용서한다는 말만 하는 것은 아니다. 루카는 다음과 같은 기도를 예수님의 입에 담는다. "아버지, 저들을 용서해 주십시오. 저들은 자기들이 무슨 일을 하는지 모릅니다"(루카 23,34).

이 기도를 우리 자신과 관련지어도 좋다. 그러면 우리는 자신을 고발하거나, 자신이 얼마나 나쁘고 고약한 인간인지 자책하는 일을 멈추게 된다. 예수님은 용서를 아무 이유 없이 선언하는 게 아니다. 예수님은 결국 우리가 무지하기 때문에 용서한다. 우리는 잘못을 저지르고도, 흔히는 무슨 짓을 벌였는지 알지 못한다. 다른 사람의 마음을 얼마나 아프게 했는지 조금도 눈치채지 못한다. 또한 우리 자신의 본성을 외면하고 살아가고 있는 것도 알아채지 못한다. 이 청원은 우리로 하여금 잘못을 멀리하고, 또 우리 잘못을 하느님의 용서 속으로 붙들어 오게 해 준다.

예수님의 이 청원은 우리가 형제자매를 용서하는 것도 가능하게 해 준다. 우리는 예수님과 함께 그들을 위해 기도할 수 있다. "아버지, 저들을 용서해 주십시오. 저들은 자기들이 무슨 일을 하는지 모릅니다." 그러면 우리가 그들의 행동을 더는 비난하지 않게 된다. 말과 행동으로 우리에게 얼마나 나쁜 짓을 저질렀는지, 그래서 우리에게 얼마나 깊은 상처를 주었는지 그들이 모르고 있음을 우리가 깨닫게 된다. 주님의 기도는 우리 안에서 타인에 대한 용서가 생겨나게 한다. 이 기도를 바치면 타인을 기꺼이 용서하려는 마음이 우리 안에 자라난다.

주님의 기도는 우리의 마음을 열어 준다. 우리는 마음이 열려 서로를 용서하는 동시에 하느님의 용서를 믿게 된다. 그런데 주님의 기도는 우리가 이 세상에서 끊임없이 죄를 짓고 있다는 사실도 일깨운다. 우리는 타인에게 직접 죄를 짓기도 하지만, 우리의 태도와 행동을 통해 세상의 불의한 구조를 떠받치기도 한다. 가난한 이들과 자연에 대한 착취, 환경오염, 타인의 희생을 강요하는 탐욕적 자본주의가 그 구조다.

주님의 기도는 우리가 늘 죄를 짓고 있다는 사실을 일깨운다. 이 기도는 우리를 "변명의 연극"(Venetz 80)에서 풀어 주려 한다. 세상의 불의에 눈을 감기니, 죄를 '부자'나 '권력자'에게만 떠넘길 때마다 우리는 그 연극에 동조하는 셈이다.

마태오 복음서 18장에는 용서의 신비가 서술되어 있다. '공동체 규범'으로도 불리는 이 장에 마태오는 공동체 생활을 규정하는 예수님의 말씀을 모아 놓았다. 마태오의 신념에 따르면, 용서 없이는 그리스도인 공동체가 더불어 살아갈 수 없다. 형제를 몇 번이나 용서해 주어야 하는지 베드로가 예수님에게 묻는다. 그러면서 내심 일곱 번이면 너그러울 것이라 생각한다. 하지만 예수님은 이렇게 답한다. "일곱 번이 아니라 일흔일곱 번까지라도 용서해야 한다"(마태 18,22). 이것은 결국 끊임없이 용서하라는 뜻이다. 사실 일흔일곱은 당시의 이해에 따르면 무한대이다.

그리고 예수님은 한 가지 비유를 들어 용서를 강력히 촉구한다. 어떤 종이 제 주인에게 만 탈렌트를 빚졌는데, 주인이 그를 가엾이 여겨 빚을 전부 탕감해 주었다. 하지만 그 종은 저에게 겨우 백 데나리온을 빚진 동료를 용서해 주려 하지 않았다(마태 18,23-35 참조). 이런 짓은 하면 안 된다. 타인을 용서할 때는, 하느님이 우리를 무한히 용서하셨음을 잊으면 안 된다. 우리가 타인을 용서하는 일이 그래서 당연한 것이다.

산상 설교에서 용서 청원의 해석

마태오는 용서에 대한 청원을 산상 설교에서 다음과 같이 해석한다. "너희가 다른 사람들의 허물을 용서하면, 하늘의 너희 아버지께서도 너희를 용서하실 것이다. 그러나 너희가 다른 사람들을 용서하지 않으면, 아버지께서도 너희의 허물을 용서하지 않으실 것이다"(마태 6,14-15).

여기서 분명히 드러나는 것은 기도에는 그에 따른 결실이 있다는 사실이다. 기도는 인간의 행동, 곧 이웃에 대한 용서로 이어진다. 주님의 기도 다음에 곧바로 용서에 대한 청원이 나온다는 것은, 용서가 마태오에게 아주 중요하다는 뜻이다. 서로를 용서하지 않고는 우리는 이 기도를 바칠 수 없다. 이것을 마태오는 이미 대당명제에서 명확히 표현했다. 예수님은 거기서 이렇게 말한다. "그러므로 네가 제단에 예물을 바치려고 하다가, 거기에서 형제가 너에게 원망을 품고 있는 것이 생각나거든, 예물을 거기 제단

앞에 놓아두고 물러가 먼저 그 형제와 화해하여라. 그런 다음에 돌아와서 예물을 바쳐라"(마태 5,23-24).

기도와 예배의 전제 조건은 용서, 그리고 형제자매와의 화해다. '하느님과의 관계'는 '형제자매와의 관계'에 묶여 있다. 마태오는 하느님의 용서를 우리의 용서와 한데 묶는다. 우리가 용서하지 않으면 주님의 기도도 헛일이 된다. 그런데 여기서 마태오는 자기모순에 빠진 것처럼 보인다. 매정한 종의 비유(마태 18,23-35 참조)에서는 하느님이 베풀어 주신 용서가 우리의 용서보다 선행하기 때문이다. 그럼에도 우리는 하느님의 용서와 인간 사이의 용서를 양쪽의 측면에서 모두 숙고해 볼 수 있다. 둘의 긴장 관계는 해소되지 않는다.

이 청원의 또 다른 해석은 예수님의 다음 말씀에서 찾아볼 수 있다. "남을 심판하지 마라. 그래야 너희도 심판받지 않는다. 너희가 심판하는 그대로 너희도 심판받고, 너희가 되질하는 바로 그 되로 너희도 받을 것이다"(마태 7,1-2). 이 말씀 후에 예수님은 우리가 형제자매의 눈에 있는 티는 봐도 제 눈의 들보는 모른다고 꾸짖는다.

용서가 판단과 단죄와 연결될 때는 왜곡되고 변질된다.

내가 누군가를 용서한다고 할 때 실은 상대의 잘못이지만 내가 은혜를 베푼다는 식으로 말한다면, 나는 가련한 죄인을 기꺼이 용서하는 너그러운 의인의 역할을 만끽하는 꼴이다. 그런 식으로라면 부당한 우열이 생겨난다.

용서하는 사람이 용서받는 사람보다 우월하다고 여기지 않을 때만, 용서가 상대에게 치유와 해방의 행위로 받아들여진다. 모든 판단과 평가와 단죄를 포기하는 것이 그래서 반드시 필요하다. 또한 판단은 단지 다른 사람의 행동에만 해당되는 게 아니라, 먼저 나 자신과 내 행동에도 해당된다.

나는 영성 상담을 하며, 많은 사람이 자신을 끊임없이 판단하고 평가하고 단죄하는 모습을 거듭 보게 된다. 우리는 자신을 끊임없이 평가하는 행위를 그만둬야만 하느님께로 가는 길에서 앞으로 나아갈 수 있다. 내 안에 있는 모든 것을 기꺼이 받아들여야, 비로소 그것들이 변화할 수 있다. 내가 그것들을 단죄하면 그것들은 내 무의식으로 숨어들고, 그러다 예기치 못할 때 내 안에서 떠오른다. 내가 무시하는 내 안의 것들이 나에게 계속 들러붙어 있다. 내 감정과 욕구에 대한 평가를 멈춰야만 내가 정말 불쾌하게 여기는 것들이 변화된다. 그것들을 꽉 붙잡아 하느님께 가져가면 그분의 영으로 그것들이 변화된다.

나 자신을 더는 평가하지 않으면, 타인과 타인의 행동도 점차 평가하지 않게 된다. 나는 있는 그대로 받아들인다. 타인을 이해하려 노력한다. 타인의 행동 속에서 생명과 사랑을 향한 갈망을 알아챈다. 그러면 나는 용서한답시고 자신을 상대보다 우월하게 여기지 않는다. 상대의 행동을 상대에게 맡겨 둔다. 그의 행동을 판단하지 않고 그저 그에게 돌려보낸다. 나는 보복을 포기한다. 용서란 타인을 있는 그대로 두는 것을 뜻한다. 상대는 그대로 있어도 된다. 나는 상대가 평화를 찾기를 기도한다. 내가 더 낫다고 여기지 않는다. 오히려 상대의 곤경을, 그리고 자기 자신과 일치를 이루려는 상대의 갈망을 공감한다.

저희를 유혹에 빠지지 않게 하소서

주님의 기도의 이 마지막 청원을 버거워하는 그리스도인이 많다. 하느님께서 우리를 유혹에 빠뜨리실지도 모른다는 생각에 그들은 저항감을 느낀다. 이것은 그들의 하느님 상과 어긋난다. 하지만 그분께서 우리를 유혹에 빠지게 하신다는 생각이 이 청원에 반드시 들어 있는 것은 아니다.

야고보서는 유혹을 하느님 탓으로 돌리려고 하는 이들에게 이렇게 경고한다. "유혹을 받을 때에 '나는 하느님께 유혹을 받고 있다' 하고 말해서는 안 됩니다. 하느님께서는 악의 유혹을 받으실 분도 아니시고, 또 아무도 유혹하지 않으십니다. 사람은 저마다 자기 욕망에 사로잡혀 꼬임에 넘어가는 바람에 유혹을 받는 것입니다"(야고 1,13-14). 말하자면 야고보서는 우리에게 시련이 되는 유혹, 그로써 우리 자신을 증명해 보일 수 있는 유혹을 생각하는 것이다. 그러니 이 유혹을 하느님 탓으로 돌려서는 안 된다.

주님의 기도의 이 청원을 야고보서의 관점에서 해석하면 그 의미는 다음과 같다. 우리는 하느님께 도움을 청해야 한다. 우리가 자신의 욕망이나 결핍으로 인해 유혹에 빠지지 않도록 그분께서 도와주실 것이다.

예로부터 신학자들은 이 청원의 원문을 정확히 해석하는 데 어려움을 겪어 왔고, 그래서 번역도 여러 가지다. 초기 교회에서 오리게네스는 주님의 기도의 이 마지막 청원을 다음처럼 번역했다. "우리를 유혹에 굴복하지 않게 하소서." 이 번역은 현재 브라질 교회가 따르고 있다. 레오나르도 보프도 자신의 책에서 주님의 기도를 해설할 때, 이 포르투갈어 공식 번역문을 기본 본문으로 사용했다. 교부 테르툴리아누스는 이 청원을 이렇게 해석했다. "'우리를 유혹에 빠지지 않게 하소서'는 '유혹하는 자에 의해 우리가 유혹에 빠지지 않게 하소서'라는 뜻이다. 마치 하느님이 유혹하신다는 착각을 멀리하라!"(Bader 46에서 재인용).

성 아우구스티누스는 이 청원을, 유혹에 응하거나 굴복하지 않으려고 그분께 도움을 청한다는 것으로 이해했다. 그리고 다음과 같은 말로 하느님께 간구했다. "당신은 신실하시니, 우리 힘으로 감당할 수 없는 유혹은 우리에게 허락하지 마소서"(Bader 49에서 재인용). 이 청원을 통해 예수님은 분명히 밝힌다. 하느님은 우리를 일부러 유혹에 빠뜨리지 않으신다. 오히려 유혹 앞에서 우리를 지켜 주려 하신다. 그분은 우리가 유혹에 완전히 빠져들도록 버려두실 분이 아니다.

또 생각해 봐야 할 문제는 '유혹'이 무엇을 의미하는가 이다. 초기 수도승들은 유혹을 인간을 검증하는 기회로 소중히 여겼다. 폭풍이 나무로 하여금 점점 더 땅속으로 뿌리를 내리게 하듯이, 유혹은 선을 위한 투쟁에서 수도승을 단련한다는 것이다. 오리게네스는 유혹에 관해 이렇게 말했다. "유혹에도 이로운 점이 있다. 우리 영혼이 하느님께 무엇을 받았는지는 하느님 말고 아무도, 심지어 우리 자신도 알지 못한다. 하지만 유혹이 그것을 밝혀 준다. 그로써 우리 자신을 잘 알고 우리의 비참한 처지를 깨닫게 해 준다. 그리고 유혹 덕분에 밖으로 드러난 우리 안의 모든 선에 감사하게 해 준다"(Bader 47에서 재인용).

유혹은 하느님이 우리에게 선사하신 능력만 아니라, 우리가 빠진 위태로운 처지도 알려 준다. 우리는 흔히들 말한다. "우리의 그림자가 우리를 저 아래로 끌어내리려 한다." 우리는 유혹을 직시해야 한다. 심지어 오리게네스는 현세의 삶이 온통 유혹투성이라고 말했다. "그래서 우리는 유혹에서 구해 주실 것을 청하지만, 유혹받지 않기를 바란다는 뜻이 아니라(이 땅에 사는 한 불가능한 일이다), 유혹에 굴하지 않기를 바란다는 뜻이다"(Bader 47에서 재인용).

오늘날 우리는 유혹과 시련을 구별한다. 시련은 싸워야 하는 것이다. 그로써 우리는 더 검증되고 더 강해진다. 그러나 유혹은 차라리 피해야 한다. 유혹은 마치 소용돌이 같아서 우리를 아래로 끌어내리고 집어삼키려 들기 때문이다.

물론 예수님이 말한 것과 같은 의미로 유혹에 대해 논한다는 것이 지금은 쉽지 않다. 유혹이란 말이 날로 통속화되기 때문이다. 가령 한 광고에서는 초콜릿을 이 세상에서 가장 달콤한 유혹이라며 선전한다. 성경에서 쓰인 말의 이같은 상업화는, 이 청원의 의미를 이해하는 것을 더 힘들게 만든다.

산상 설교 안에서의 해석

주님의 기도의 이 마지막 청원을 산상 설교 자체를 통해 해석하자면 마태오 복음서 7장 13-23절이 그 틀로 적합하다. 이 구절의 두 표상에 우리가 유혹을 어떻게 이해해야 하는지가 시사되어 있다.

첫째는 두 갈래 길, 곧 좁은 길과 넓은 길이라는 표상이다. 이때 유혹의 본질은 멸망으로 이끄는 넓은 길로 들어가는 데 있다. 넓은 길은 모두가 걷는 길이다. 그저 다른 사람의 뒤만 따른다면, 모두가 하는 것만 따라 한다면 인간을 멸망으로 이끌 것이다. 인간은 누구나 자신의 길을 가야 한다.

유혹의 본질은 스스로 살아가지 않고 그저 이끌려 살아가는 데 있다. 근본적인 의미에서 유혹은 삶의 거부다. 남들을 뒤따라가는 게 더 쉽고 편하기는 하다. 하지만 인간이라면 누구나 노력과 수고를 감내하며, 하느님과 생명으로 나아가는 자신만의 길을 찾아야 한다. 우리가 자신만의 길을 찾아내 그 길로 나아가야, 비로소 참된 삶이 이루어지는 것이다. 하느님은 우리에게 저마다 자신만의 길을 마련해 두셨다.

유혹이란 것이 무엇인지 시사해 주는 또 다른 표상은 거짓 예언자들이다. 예수님은 거짓 예언자들을 조심하라고 경고한다. "그들은 양의 옷차림을 하고 너희에게 오지만 속은 게걸든 이리들이다"(마태 7,15). 이 관점에서 보자면 유혹은 혼란케 함이다. 거짓 예언자들은 우리를 혼란시킨다. 그들은 경건한 말과 언변으로 우리를 그릇된 길로 데려간다.

요즘은 신앙의 악용에 대한 말들이 많다. 가령 성경 말씀이나 영적 전통을 아전인수 격으로 쓰며 남들을 지배하려 드는 자들이 있다. 그들은 자신이 하느님의 뜻이라며 선언해 대는 것을 남들이 따르지 않으면 양심의 가책을 느끼게 만든다. 신앙의 악용은 감정의 혼란을 야기한다. 무엇이 좋고 나쁜지, 무엇이 옳고 그른지 도무지 가늠할 수 없게 만든다. 이런 혼란에 빠지면 하느님께 지켜 달라고 청해야 한다.

한편 개신교 주석자 발터 그룬트만에 따르면 '유혹'은 '배반'(배교)의 위험을 뜻한다. 그래서 그룬트만은 주님의 기도의 이 마지막 청원을 다음과 같이 번역한다. "우리를 배반의 지경에 떨어지지 않게 하시고, 악에서 떼어 내소서"(Grundmann 203).

이제는 인간이 상상할 수 있는 구원의 길이라면 죄다 선전되고 있는 시대다. 이러한 시대에 다원적 사회를 살아가는 우리에게는 유혹에서 지켜 달라는 이 청원이 무엇보다 현실적인 청원이다. 이 청원을 바치며 우리는 참된 삶을 살아갈 수 있는 분별력을 달라고 간구한다. 또한 예수님 시대에 그랬던 것처럼 구원이 없는 곳에서 구원을 외치고, 원하는 것은 모두 이룰 수 있다고 꼬드기는 거짓 예언자들을 식별하게 도와 달라고 간구한다. 우리는 수많은 유혹에 혼란스러워해서는 안 된다. 생명에 이르는 밝은 길을 식별하여, 그 길로 나아가야 한다.

예수님의 유혹

유혹에서 지켜 주시기를 바라는 이 청원은 또한 우리를 예수 그리스도와의 새로운 관계로 인도한다. 이 청원은 예수님이 당신을 그릇된 길로 이끌려는 사탄의 유혹을 어떻게 물리쳤는지 알려 준다.

처음 세 복음서가 예수님의 유혹에 관해 전하는데, 마르코 복음서는 유혹의 내용은 다루지 않고 예수님이 유혹받은 사실만 전한다(마르 1,12-13 참조). 그러나 예수님이 들짐승들과 함께 지냈고 천사들이 그분의 시중을 들었다는 언급을 통해 마르코가 예수님의 유혹에서 핵심으로 여긴 것이 무엇인지 알 수 있다. 예수님은 당신의 거칠고 동물적인 측면, 곧 충동적인 측면과 맞닥뜨렸다. 하지만 천사들이 그분을 도왔다. 거친 들짐승들은 그분에게 아무런 해도 끼치지 못했다. 예수님은 그 거칠고 격렬한 것을 하느님과 인간들을 위한 노력과 열정에 힘입어 당신 안에 온전히 통합했다.

마태오와 루카는 예수님이 받은 세 가지 유혹에 대해 전한다(참조: 마태 4,1-11; 루카 4,1-13). 세 유혹 다 모든 인간에게 전형적인 유혹이다. 우리를 그릇된 길로 이끄는 세 유혹을 우리는 참된 인간을 향한 여정에서 겪기 마련이다. 예수님은 세 유혹을 모두 이겨 냈다. 이로써 당신이 하느님 아버지의 아들임을 증명했다. 이것은 우리에게도 중요하다. 유혹 속에서 자신이 하느님의 아들딸임을 입증해야 한다. 또한 하느님을 자신을 위해 이용하지 않아야 한다.

첫째 유혹은 돌을 빵으로 만들어 보라는 것이다. 이것은 모든 것을 우리가 이용하고 소비할 수 있도록 만들라는 부추김이다. 어떤 것이든 우리에게 쓸모가 있어야 한다는 것이다. 돌을 그저 돌로 놔두는 대신, 우리가 먹을 수 있는 빵으로 만들어야 한다는 것이다.

이것은 음식만 아니라 우리가 맺는 관계에도 적용된다. 인간관계도 '무엇인가 쓸모가 있어야' 한다는 식이다. 또한 이것은 하느님과의 관계에도 해당된다. 우리는 하느님을 자신을 위해 이용하고 싶어 한다. 하느님이 우리에게 행복을 가져다주길 기대한다. 이것은 우리가 하느님을 섬기는 대신, 하느님이 우리를 섬기는 꼴이다.

첫째 유혹에는 또 다른 의미도 있다. 이스라엘에는 거룩히 여기는 돌들이 있었다. 거룩한 것이란 우리에게서 벗어나는 것, 어떤 목적을 위해 사용하는 것을 불허하는 것이다. 돌을 빵으로 만든다는 것은 온갖 거룩한 것을 우리를 위해 소모하는 것을 의미한다. 그러면 그것은 더 이상 거룩한 것으로 남지 못한다. 우리는 사물을 있는 그대로 놔두지 않는다. 모든 것을 우리를 위해 가로채려 한다. 예수님은 악마를 꾸짖으며 우리 삶의 참된 바탕을, 곧 우리를 참으로 먹여 살리는 하느님의 말씀을 일깨운다. 이 말씀은 우리가 멋대로 할 수 없는 것이다. 오히려 말씀이 우리를 사로잡는다. 우리를 순종하게 만든다.

마태오는 예수님을 유혹하는 악마의 이름을 항상 '디아볼로스'*diabolos*라고 부른다. 이 그리스어 명칭은 모든 것을 뒤섞고 엉클어 버리는 자를 뜻한다. 악마는 거룩한 것을 소모할 수 있는 것과, 곧 선을 악과 뒤섞는다. 자신의 불순한 의도를 심지어 성경의 거룩한 말씀에도 섞어 넣는다. 예수님을 성경 말씀으로 유혹하려 든다. 악마의 입 안에서 성경 말씀은 거룩하지 않은 것으로, 곧 유혹으로 탈바꿈한다. 그러나 예수님도 성경 말씀으로 응수한다. 하느님의 말씀을 그릇되게 해석하는 악마의 의도를 꿰뚫어 본다. 예수님은 악마의 유혹에 답하며, 하느님이 성경 말씀에서 본디 의도하신 바를 명확히 밝힌다.

둘째 유혹에서 악마는 시편 말씀을 내세우며 예수님을 유혹한다. "그분께서는 너를 위해 당신 천사들에게 명령하시리라. 행여 네 발이 돌에 차일세라 그들이 손으로 너를 받쳐 주리라"(마태 4,6; 시편 91,11-12). 이것은 실로 놀라운 위로의 말씀이다. 그러나 악마는 이 말씀을 이용하여 예수님에게 성전 꼭대기에서 몸을 던지라고 부추긴다. 하느님의 약속을 멋대로 이용하여 예수님 당신을 기적을 일으키는 자로 과시하라는 것이다.

이것은 영성의 길을 걷는 가운데, 타인에게 주목을 받고 싶고, 또 우월감도 느끼고 싶은 유혹이다. 오늘날 이 유혹은 매우 실제적이다. 자신의 영성을 남용하여 제 자아를 부풀리고, 타인에게 우월감을 느끼며, 게다가 타인을 경멸

하기까지 하는 자들이 많다.

그들의 영성은 자아도취적이다. 그저 자기 자신만 바라보며, 또한 타인의 관심도 독점하려 한다. 예수님은 악마의 세 가지 유혹을 신명기 말씀으로 물리친다. 신명기에는 이스라엘 백성에게 하느님의 뜻이 새롭게 해석되어 있다. 이로써 예수님은 하느님을 당신을 위해 이용하지 않겠다는 뜻을 분명히 밝힌다. 예수님은 하느님의 뜻을 기꺼이 이루고자 한다. 당신을 그분께 온전히 맡기고자 한다. 그래서 이제 다음 말씀을 인용한 것이다. "주 너의 하느님을 시험하지 마라"(마태 4,7; 신명 6,16). 우리는 하느님을 자신의 표상에 끼워 맞춰 시험해서는 안 된다. 하느님을 하느님이게끔 해 드리며 그분을 섬겨야 한다.

셋째 유혹은 권세와 소유의 유혹이다. 악마는 자신에게 경배하면, 세상 모든 나라를 주겠다고 장담한다. 악마와의 계약이란 모티브는 옛이야기로도 많이 전해 온다. 권력에 대한 환상을 현실에서 마음껏 펼치라고, 모든 것을 갖고 싶은 우리의 바람을 자기가 다 이루어 주겠다고 악마는 약속한다. 하지만 조건이 있으니, 악마를 섬기는 것이다. 곧 하느님을 우리 삶에서 밀어내고 우상에게 무릎을 꿇는 것이다. 그러나 그 계약의 결말이 좋지 않다는 것을 우리는 옛이야기로 잘 알고 있다. 대가가 너무 크다 바로 사랑을 잃는 것이다.

이것을 토마스 만은 소설 『파우스트 박사』에서 묘사했다. 작곡가 아드리안 레버퀸은 악마와 계약을 맺는다. 악마는 레버퀸에게 독창적인 음악을 작곡하고 연주할 수 있는 능력을 준다. 그 대가는 사랑의 능력을 잃는 것이다. 레버퀸은 다시는 사랑을 느낄 수 없고, 다시는 인간적 온기도 느낄 수 없다.

하느님 대신 우상을 경배하는 사람은 자신의 인간존재를 잃으며, 마음이 차가워지고 메마르게 된다. 아마도 모두가 자신은 악마와의 계약과 전혀 무관하다고 생각할 것이다. 하지만 권력과 재물은 우리에게도 얼마나 큰 매력인가? 이 매력은 우리를 미혹하여 마음 저 깊은 곳의 동인動因을 간과하게 만들 수 있다. 또한 제 발로 그 마력의 손아귀에 들어가게 만들 수 있다. 그러면 우리는 점점 더 많은 것을 원하는 '악순환'에 빠지게 된다. 자신의 인간성을 상실하게 된다.

예수님은 다음 말씀으로 악마를 물리친다. "사탄아, 물러가라. 성경에 기록되어 있다. '주 너의 하느님께 경배하고 그분만을 섬겨라'"(마태 4,10; 신명 5,9; 6,13). 우리는 오직 하느님께 무릎을 꿇어야 참된 인간이 되고, 그분의 진정한 아들딸임을 증명하게 된다.

예수님은 당신이 직접 유혹을 받았기 때문에 우리가 유혹을 받을 때 도와줄 수 있다. "그분께서는 고난을 겪으시면서 유혹을 받으셨기 때문에, 유혹을 받는 이들을 도와주실 수가 있습니다"(히브 2,18).

그러므로 우리는, 다름 아닌 유혹 가운데서 예수님과의 각별한 친교를 체험한다. 예수님은 우리가 유혹받을 때 우리와 함께 있다. 예수님은 우리를 잘 알며, 우리가 유혹에 굴하지 않도록 도와준다. 유혹을 무사히 겪어 낸 예수님을 바라보면 우리는 자신을 포기하지 않게 된다. 오히려 예수님이 곁에 있음을 믿으며 유혹에 저항하게 된다. 주님의 기도의 이 마지막 청원에서 우리는 하느님이 우리를 유혹에 버려두지 않으시기를 간구한다. 나아가 유혹 속에서 당신의 아들 예수 그리스도와 일치를 이루게 하시기를, 그로써 우리가 매 순간 당하는 유혹을 그리스도와 함께 물리치게 하시기를 간구한다.

저희를 악에서 구하소서

루카 복음서의 주님의 기도에는 없는 이 청원은 반쪽짜리 문장이다. 아우구스티누스는 이 문장을 독자적인 청원으로 생각한다. 그래서 주님의 기도의 청원을 모두 일곱 개로 셈한다. 이 일곱이란 숫자를 아우구스티누스는 분명 상징적으로 이해한다. 일곱은 변화의 숫자다. 주님의 기도를 통해 우리가 점점 더 예수님의 모습으로 변화하고, 예수님의 영으로 충만해지기를 원한 것이다.

아우구스티누스는 이 청원을 라틴어 번역문("Libera nos a malo")을 바탕으로 해석했다. 여기서 'malum'은 '악'을 의미할 수 있다. 하지만 라틴 전통에서는 우리가 이 세상에서 맞닥뜨리는 온갖 '재앙'과 '불행'을 가리킨다. 이에 관해 아우구스티누스는 말한다. "'우리를 재앙에서 구하소서'라고 말할 때, 우리는 더 이상 재앙이 존재하지 않을 저 목적지에 아직은 이르지 못했음을 깨닫는다. 주님의 기도의 이런 끝맺음에는 깊은 뜻이 있으니, 온갖 청원을 바친 그리스도인이 이 말씀을 통해 자신의 깊디깊은 곤경을 토로하며 눈물을 쏟는 것이다. 이 사고로부터 그리스도인의 기도는 출발하며, 이 사고에 그의 기도가 머물고, 이 사고에서 그의 기도는 끝난다"(Bader 51에서 재인용).

아우구스티누스에게 주님의 기도는 감정이 북받치게 하는 기도다. 이 세상에서 맞닥뜨리는 온갖 악과 재앙을 생각하며, 우리는 눈물과 갈망에 가득 차 하느님께 도움을 청한다. "당신께서 우리를 이 악한 세상에서 구해 주십시오." "당신 사랑으로 우리를 이 세상에서 지켜 주십시오."

주석자들은 '악'이 무엇을 의미하는지, '악마'인지 아니면 '보편적인 악'인지를 놓고 격론을 거듭했다. 오늘날 대부분의 주석자는 보편적인 악으로 이해하는 입장이다. 나쁜 생각, 그릇된 길로 이끄는 만남, 무의미한 고통, 압제, 악인, 악한 충동 등이 그것이다.

이 악이란 것이 악마든 보편적인 악이든, 결국 중요한 것은 그것이 이 세상에 존재한다는 사실이다. 그리고 이 악은 그저 나쁜 생각으로 치부할 수 있을 정도로 시시한 것도 아니다. 악에는 심층적 차원이 있다. 성경에서 사탄이나 악마를 언급할 때는 이 심층적 차원을 염두에 두고 말하는 것이다. 신학적으로 보면 악마는 '인격'(Person)이 아닌, 인격적 힘이다. 요컨대 악은 우리의 인격 존재를 해

치거나 아예 파괴하려 드는 힘이다. 우리는 이 악을 우리 내면에서도 맞닥뜨린다. 우리의 생각은 악에 의해 감염되어 있다. 우리가 태어난 세상은 마치 소용돌이처럼 악이 우리를 휩쓸곤 하는 세상이다.

해방신학에서는 악을 이 세상의 구조에서 찾는다. 불의한 구조가 악을 견고하고 항구하게 만든다. 이 세상에는 개인들을 지배하고 규정짓는 악의 구조가 존재한다. "악한 행위는 이미 존재하는 구조와 총체적 상황의 표출이다" (Boff 178).

악의 힘은 심리학으로 확인할 수 있다. 대개 악은 무의식에 깊이 각인되어 있다. 우리는 그것을 도무지 떨칠 수 없다. 악은 우리의 생각을 규정하는 일종의 권세다. 악은 어린 시절의 상처에서 기인하곤 한다. 상처를 치유하고 해소할 수 있는 방법을 찾지 못하면 그 상처받은 감정을 행동으로 표출하게 된다. 그때 다른 이들에게도 상처를 준다. 자신이 당한 폭력을 타인에게 계속 전달하는 것이다. 같은 맥락에서 뮌헨의 정신과 전문의 알베르트 괴레스는 우리가 해묵은 빚문서를 엉뚱한 채무자에게 들이밀고 있다고 말한다. 자신이 당한 나쁜 일과 무관한 사람들을 악의로 대한다는 것이다. 나아가 악은 이런 식으로 이 세상에 점점 더 확산된다고 괴레스는 말한다.

주님의 기도를 바치며 우리는 하느님께 악에서 구해 달라고 청한다. 그리스어 원문의 직역은 "우리를 악에서 떼어 놓으소서"이다. 라틴어 번역문에는 'libera'라는 동사로 되어 있는데, 그 의미는 다음과 같다. "우리를 악에서 해방하소서." "우리를 악의 올가미에서 풀어 주소서." 이 청원을 통해 우리는 자신이 악에 얽혀 있으며, 또 악의 구조에도 연관되어 있음을 깨달아야 한다. 이처럼 우리를 짓누르고 우리의 인간존재를 손상하는 악의 권세를 꺾어 버리기를 우리는 하느님께 청한다.

주님의 기도의 마지막 청원은 이 세상을 현실적으로 인식하고 있다. 우리는 세상 속에서 악을 마주한다. 악은 우리가 이 세상과 우리 삶에서 간과할 수 없는 실재다. 우리를 악의 권세에서 구하고 지켜 주시기를 하느님께 청하는 이유가 그것이다. 그러면 우리는 그분께서 우리 각자에게 본디 뜻하신 모습을 우리 안에서 체현할 수 있다. 이 청원을 통해 우리는 악이나 유혹을 감당하지 못할지도 모른다는 두려움을 고백한다. 하지만 이 두려움을 꽉 붙잡아 우리 아버지이신 하느님께 가져간다면, 오직 아버지만 믿는 마음으로 가져간다면 삶의 소용돌이와 위험 속에서도 그분은 우리를 당신 사랑으로 지켜 주실 것이다.

주님의 기도를 바친다는 것은 그 자체로, 우리를 악의 권세에서 지켜 주는 피난처가 되어야 한다. 교부들은 주님의 기도의 마지막 청원을 예수 그리스도와 연결 지었다. 이 청원은 우리가 유혹에 빠졌을 때 도움이 되어 준다. 온갖 악에서 우리를 구하시는 그리스도께 우리를 데려간다. 그래서 페트루스 크리솔로구스는 이렇게 말했다. "유혹은 모든 악의 원인이며 근원인 악마로부터 유래한다. … 그러니 인간은 하느님께 간청해야 한다. 유일무이한 승리자이신 그리스도를 통해 우리가 마침내 악에서 해방되도록 기원해야 한다. '우리를 악에서 구하소서'라고 청원해야 한다"(Bader 51에서 재인용).

루카 복음서의 가르침

교회 전통과 전례에서 두루 쓰인 주님의 기도 본문은 마태오 복음서의 본문이다. 루카 복음서에 담겨 있는 또 다른 본문은 이미 앞선 해설에서 참고한 바 있다. 다른 복음사가와 달리 루카는 기도를 복음서의 중심에 놓는다. 한편으로는 예수님을 기도하는 인간으로 묘사하고, 다른 한편으로는 기도에 관한 고유한 가르침을 두 장에 걸쳐 제공한다. 여기서 루카가 무엇보다 중시한 것은 기도를 드리는 그리스도인의 태도와 행동이다.

　루카에게 기도는 우리가 예수 그리스도를 만나고 또 그분을 알 수 있는 자리다. 과연 예수님의 기도에는 그분의 본모습과 당신 아버지에 대한 태도가 드러나 있다. 우리는 예수님에게 기도를 배우는 가운데, 우리에게 예수 그리스도가 누구인지 깨닫게 된다. 또한 기도는 예수 그리스도를 점점 더 닮아 가는 길이며, 따라서 하느님과의 새로운 관계에 이르는 길이다. 기도는 예수님의 영이 지금 여기서 우리 마음을 어루만지고 우리 상처를 치유하는 현장이다.

예수님 - 기도하는 인간

우리가 예수님을 기도하는 인간으로 만날 수 있는 장면을 어떤 복음사가도 루카만큼 많이 전해 주지는 않는다. 루카에게 예수님은 위대한 기도자다. 예수님은 당신 삶에서 중요한 고비마다 기도를 드린다. 결단을 앞두고 기도하는 것은 물론이고, 당신 아버지에게 기도하기 위해 거듭 외딴곳으로 물러나기도 한다.

루카는 기도자 예수님에 대해 전할 때 경건한 그리스도인을 늘 염두에 두었다. 루카에게 기도는 무엇보다 삶의 곤경을 이겨 내는 길이다. 예수님이 당신의 수난을 기도로써 이겨 냈듯, 그리스도인도 기도로써 하느님을 꽉 붙잡아야 하며, 그로써 온갖 환난을 가로질러 영광에 이르러야 한다. 기도는 예수님의 태도를 연습하고 체득하며, 예수님의 영으로 가득 채워지는 길이다.

루카 복음서에서 예수님이 기도를 드리는 몇몇 중요 장면을 살펴보면, 그분이 우리에게 여는 '기도 학교'에 대해 조금이나마 알게 된다. 예수님은 우리가 어떻게 기도해야 하는지 당신이 직접 본을 보여 가르친다. 다른 한편 루카는 예수님의 기도 장면을 통해 기도가 어떤 효과를 낳는지도 알려 준다. 루카는 화가로 통한다. 루카는 자신의 언어로 이를테면 그림을 그린다. 루카가 그리는 기도자 예수님의 모습은, 우리가 기도를 바칠 때도 일어날 수 있는 모습이다.

오직 루카만이 예수님이 세례를 받을 때 기도를 드렸다고 전해 준다. "예수님께서도 세례를 받으시고 기도를 하시는데, 하늘이 열리며 성령께서 비둘기 같은 형체로 그분 위에 내리시고, 하늘에서 소리가 들려왔다. '너는 내가 사랑하는 아들, 내 마음에 드는 아들이다'"(루카 3,21-22). 이것은 기도의 효과를 보여 주는 아름다운 장면이다. 기도를 올리면 우리 위에서 하늘이 열린다. 기도 중에 성령께서 우리 위에 내리시고, 우리가 각자의 사명을 감당할 수 있게 힘을 주신다. 기도 중에 우리는 하느님께 조건 없이 사랑받고 있음을 체험한다. 기도 중에 우리는 자신이 진실로 누구인지 깨닫는다. 더불어 자신이 하느님의 사랑을 받는 아들딸임을 깨닫는다. 그분께서 우리를 아무 조건 없이 사랑하신다는 확언을 절감한다.

예수님이 나병 환자를 치유하자 사방에서 사람들이

몰려든다. 그분은 "외딴곳으로 물러가 기도하셨다"(루카 5,16). 기도는 세상의 소란과 사람들의 기대로부터 자신을 지키고자 불러나는 대피소이기도 하다. 우리도 예수님처럼 하느님과 함께 머물 수 있는 외딴곳에서 기도해야 한다. 기도는 언제나 타인을 위해 존재하며 행동해야 한다는 부담에서 우리를 풀어 준다. 또 기도는 우리가 어느 때 주고 어느 때 받아야 하는지 가르쳐 준다. 기도 중에 우리는 서두르지 않는다. 하느님과 만나는 가운데 자기 자신을 새롭게 만나는 시간을 얻는다. 기도하지 않으면 우리는 점점 더 소진될 위험에 빠진다.

예수님은 제자들 가운데서 열두 사도를 뽑으시기 전에 "기도하시려고 산으로 나가시어, 밤을 새우며 하느님께 기도하셨다"(루카 6,12).

기도는 우리가 명확한 결정을 내리게 해 준다. 고비나 대화나 결단을 앞두고 우리가 평온하고 침착한 마음으로 판단을 더 분명히 내리게 돕는다. 기도 중에 우리는 결정을 더 넓은 맥락에서 판단한다. 그 결정을 하느님께 가져가며, 기도 중에 자신 안에 떠오르는 것을, 곧 평온과 조화를 신뢰한다.

베드로가 당신을 그리스도(메시아)라 고백하기 전에 예수님은 홀로 기도한다(루카 9,18 참조). 기도를 한 다음에야 제자들에게 결정적인 물음을 던진다. 곧 당신을 과연 누구로 여기는지 묻는다. 우리는 기도 중에 가장 본질적인 물음에 다다르기 마련이다. 또한 예수님은 홀로 기도하며 당신 신비를 밝힐 준비를 한다. 당신 수난의 신비와 그 수난을 따르는 일의 신비가 그것이다. 기도를 마치고 예수님은 그 신비를 알려 준다. "누구든지 내 뒤를 따라오려면, 자신을 버리고 날마다 제 십자가를 지고 나를 따라야 한다"(루카 9,23).

오직 루카만이 예수님이 기도 중에 영광스러운 모습으로 변모했다고 전한다. "예수님께서 기도하시는데, 그 얼굴 모습이 달라지고 의복은 하얗게 번쩍였다"(루카 9,29). 기도를 바칠 때 우리는 자신의 알맹이에 맞닿으며, 껍데기가 다 떨어져 나간다. 자신을 감추고 있는 가면이 부서진다. 영광스러운 모습으로 변모한다는 것은 어떤 본원적인 것이, 곧 우리의 본디 아름다움이 비쳐 나온다는 것을 의미한다. 그때는 우리 안에 계신 하느님의 광채가 우리로부터 뻗어 나간다. 우리는 우리 자신이 하느님의 영광이라는 사실을 깨닫는다.

예수님의 모습이 변모한 그때 모세와 엘리야가 돌연 나타난다. 모세는 입법자요 해방자다. 기도를 드릴 때 우리의 삶은 정돈되고, 우리가 하느님 안에서 참된 자유를 체험한다. 남들이 나를 어찌 여기든 중요하지 않게 된다. 엘리야는 예언자다. 기도를 드릴 때 우리는 자신의 예언자적 사명을 깨닫는다. 우리는 오직 나 자신만 보여 줄 수 있는 것이 이 세상이 있음을 깨닫는다. 또한 우리가 참된 자기를 만나고, 하느님의 영광이 우리 안에서 빛나게 된다.

물론 우리가 이런 기도 체험을 영원히 붙잡고 있을 수는 없다. 이런 체험은 곧 사라지기 마련이다. 다시 구름이 몰려와서 우리의 시야를 가린다. 우리는 빛의 체험을 기억으로 간직한 채, 안개가 짙게 낀 일상의 골짜기로 돌아와야 한다.

루카가 묘사한 예수님 기도의 정점에는 수난이 있다. 올리브 산에서 기도하며 예수님은 하느님의 뜻과 씨름한다. 그러나 하늘에서 천사가 내려와 예수님의 기운을 북돋아 준다. 기도 중에 늘 평화만 체험하는 것은 아니다. 기도는 하느님의 뜻을 알기 위한 괴로운 싸움이기도 하다. 하지만 하느님은 기도하는 사람에게 당신의 천사를 보내 새로운 힘을 주신다. 그렇다고 천사가 예수님을 번민에서 지켜 주는 것은 아니다. 오히려 그분은 죽음의 공포에 빠진다. 고뇌에 싸여 피땀을 흘린다. 그러나 바로 그때 그분은 더 간절히 기도한다(루카 22,44 참조).

올리브 산의 이 장면 속에 루카는 기도자가 겪는 곤경을 담았다. 당시나 지금이나 많은 사람이 기도를 바치다가 곤경에 빠진다. 기도 중에 우리는 어둠을 체험하곤 한다. 기도가 꼭 헛일이 될 것 같다. 기도가 전혀 쓸데없는 일 같다. 하느님은 두꺼운 벽 뒤에 숨어 침묵하고 계신 것 같다. 우리는 하느님께 더 나아가지 못하고, 매번 올리브 산의 제자들처럼 잠에 빠져든다. 또한 우리의 기도도 잠들고 만다. 그때는 예수님이 우리를 흔들어 깨워야 한다. "유혹에 빠지지 않도록 일어나 기도하여라"(루카 22,46).

우리는 예수님과 비슷한 곤경에, 고독과 불안과 고뇌와 고통에 빠져든다. 예수님처럼 유혹을 이겨 내고 지독한 곤경에서도 하느님을 꽉 붙잡을 수 있는 방법이 우리에게 곧 기도다.

예수님은 수난의 길을 끝까지 걸을 수 있는 힘을 올리브 산의 기도에서 얻은 것이 분명하다. 예수님은 죽음에 이르더라도 선하신 하느님의 품에서 떨어지지 않을 것이라는 확신을 기도에서 얻었다. 예수님의 기도는 십자가 위에서 바친 기도에서 그 정점에 이른다. 예수님은 십자가에 못 박힌 채 당신 자신만이 아닌, 당신을 처형하는 자들을 위해서도 기도한다. "아버지, 저들을 용서해 주십시오. 저들은 자기들이 무슨 일을 하는지 모릅니다"(루카 23,34).

우리에게 상처를 준 이들을 위해 기도하면 우리는 그들을 억지로 용서하지 않아도 된다. 그들을 위해 기도하면 우리 안에서 용서의 마음이 자연스레 일어난다. 우리는 그들을 하느님의 자비 안으로 데려가며, 이로써 그들을 새롭게 만나게 된다.

예수님은 숨을 거둘 때도 기도 말씀을 외운다. 유다인의 저녁 기도인 시편 31편의 한 구절이다. "제 영을 아버지 손에 맡깁니다." 경건한 유다인들이 그 구절을 기도하던 시간에, 예수님도 십자가 위에서 같은 구절로 기도한다. 그런데 예수님은 거기에 '아버지'라는 말을 덧붙인다(루카 23,46 참조).

그분은 죽어 가면서도 사랑하는 아버지를 다정히 불렀

다. 사랑하는 아버지의 손에 당신 영을 맡겼다. 죽음 안에서 예수님은 아버지께 돌아갔다. 기도 속에서 그분의 죽음이 변모된 것이다.

온갖 잔혹한 일을 겪고도 예수님은 끝까지 기도를 관철했고, 지독한 곤경 가운데서도 하느님과의 친교 안에 머물렀다. 예수님은 하느님과의 친교를 통해 인간의 권세로부터 벗어났다. 그분을 죽인 자들조차도 그분께 승리를 얻어내지 못했다. 그분은 기도를 통해 형리들의 외침이 다다를 수 없는 세계로 올라갔다.

예수님은 당신 활동을 시작할 때부터 십자가에서 마지막을 맞을 때까지 기도와 함께했다. 이것을 보면 예수님이 어디서 당신의 참된 의지처를 찾았는지 알 수 있다. 또한 무엇에 힘입어 최악의 곤경까지, 곧 죽음까지 가로지르며 당신의 길을 걸어 나갔는지 알 수 있다. 결국 온갖 고통 끝에 하늘이 열렸다. 예수님은 당신이 아버지와 하나임을 알고 있었다.

우리의 기도도 마찬가지다. 사랑하는 하느님의 손에 우리를 맡기는 데서 정점에 이른다. 매일 밤 우리는 우리 자신을 선하신 하느님의 손에 맡기며 죽음을 연습한다. 마지막 순간, 우리는 잔혹한 어둠 속에 떨어지지 않고, 우리를 사랑하시는 그분의 두 손에 안길 것이다.

기도란, 안전한 하느님의 두 손에 몸을 피하는 연습이다. 고독과 곤경, 아니 죽음 속에서도 우리는 그분의 손으로 피한다. "아버지, 제 영을 아버지 손에 맡깁니다"라는 말씀을 통해 루카는 마태오 복음서가 전하는 주님의 기도의 청원, 곧 "아버지의 뜻이 이루어지게 하소서"가 궁극적으로 의미하는 바를 언명하고 있다.

루카에게 자신을 하느님의 뜻에 맡긴다는 것은 어떤 친밀한 것을 의미한다. 우리는 우리 자신을 선하신 하느님께 믿고 맡긴다. 자신이 자상한 하느님의 두 손에서 보호받고, 또 든든하게 지탱되고 있음을 믿는다. 예수님의 '기도 학교'에는 기도의 모범이 담겨 있다. 예수님의 기도에서 우리는 그분처럼 신실하게 아버지께 기도를 드리는 법을 배울 수 있다.

나아가 루카는 기도의 자세에 대한 예수님의 말씀과 비유를 복음서의 두 부분에 모아 놓았다. 당신 여정의 시작부터 예수님은 벗이요 아버지이신 하느님에 대해 이야기하며, 그분을 온전히 신뢰하며 기도해야 한다고 가르친다

(루카 11,1-13 참조). 그리고 그 여정의 끝에, 곧 수난 직전에 예수님은 두 가지 비유를 들며, 이루어지는 기도와 그렇지 않은 기도를 가르쳐 준다. 예수님은 기도를 하나의 길로서 보여 준다. 이 길을 걸을 때 우리는 삶의 온갖 곤경에도 불구하고 다시금 신뢰를 회복하고 도움을 체험할 수 있다(루카 18,1-14 참조).

벗이요 아버지이신 하느님께 드리는 신실한 기도

"저희에게도 기도하는 것을 가르쳐 주십시오"(루카 11,1) 하고 제자들이 청하자 예수님은 주님의 기도를 가르쳐 주고, 두 가지 비유를 들려준다. 두 비유의 주제는 제자들이 주님의 기도를 바칠 때 마땅히 지녀야 할 신뢰다.

'간청하는 벗의 비유'(루카 11,5-8)는 팔레스티나의 한 마을이 그 배경이다. 상점이 없는 그 마을에서는 필요한 음식을 저마다 스스로 마련했다. 한밤에 어느 집에 손님이 찾아왔는데 대접할 것이 아무것도 없었다. 곤혹스러운 일이었다. 그 지역에서는 손님을 후대하는 것이 중요한 범절이었다. 그래서 집주인은 벗의 집으로 가서 문을 두드린다. 자신이 벗을 얼마나 괴롭히고 있는지는 잘 알고 있다. 벗은 잠자리에서 일어나야 한다. 빗장을 단단히 건 문을 열어야 한다. 빗장을 풀면 시끄러운 소리가 나서 아이들이 깰 것이다. 그래도 손님 대접은 신성한 의무다. 결국 벗은 자리에서 일어날 것이다. 간청하는 친구에게 필요한 것을 모두 내어 줄 것이다.

예수님이 이 비유로 말하고자 한 바는 하느님이 우리의

벗이라는 것이다. 또한 루카는 이 비유를 그리스철학의 관점에서 해석한다. 우리 그리스도인들은 하느님의 벗들이라는 것이다(Grundmann 234 참조).

기도란 벗에게 하듯이 하느님께 말하는 것이다. 우리는 벗에게 하는 것처럼 하느님께 염치없이 간청해도 좋다. 하느님은 우리를 물리치지 않으실 것이다. 하느님과의 우정은 인간 사이의 우정보다 훨씬 끈끈한 까닭이다. 우정의 신비는 우리가 기도 안에서 하느님을 우리 벗으로 체험할 때 비로소 드러난다. 하느님은 우리의 삶과 사랑에 필요한 것을 주시는 벗이다. 우리가 하느님께 품어도 될 이런 무조건적 신뢰를 예수님은 루카 복음서의 다음 말씀으로 명확히 한다. "청하여라, 너희에게 주실 것이다. 찾아라, 너희가 얻을 것이다. 문을 두드려라, 너희에게 열릴 것이다. 누구든지 청하는 이는 받고, 찾는 이는 얻고, 문을 두드리는 이에게는 열릴 것이다"(루카 11,9-10).

이 간결하고 함축적인 말씀을 통해 예수님은 절망적인 상황에 처하더라도 '청하고', '찾고', '그분의 문을 두드리라'고 말한다. 하느님은 우리에게 마음의 문을 활짝 여실 것이다. 우리에게 필요한 것을 주실 것이다. 하지만 때로는 그분이 주시는 것이 우리의 생각과는 다를 수도 있다. 그렇더라도 우리가 드린 청원이 헛된 것은 아니다. 청원은 우리 벗이신 하느님과의 관계를 깊고 튼튼하게 해 준다. 또 결국 마음 저 깊은 곳에서는 그분께서 우리의 생명을 위해 필요한 것을 주실 것이다.

이처럼 신실한 기도를 촉구한 뒤, 예수님은 아버지가 아들에게 과연 어떤 태도를 취할지 물음을 던진다. "너희 가운데 어느 아버지가 아들이 빵을 청하는데, 돌을 주겠느냐? 생선을 청하는데, 생선 대신에 뱀을 주겠느냐? 달걀을 청하는데 전갈을 주겠느냐? 너희가 악해도 자녀들에게는 좋은 것을 줄 줄 알거늘, 하늘에 계신 아버지께서야 당신께 청하는 이들에게 성령을 얼마나 더 잘 주시겠느냐?"(루카 11,11-13을 Bovon 145에 따라 인용. 독일어 공동번역 성경에는 빵에 대한 청원이 빠져 있다).

세 가지 예를 통해 예수님은 하느님을 아버지로 둔다는 것이 무엇을 뜻하는지 밝혀 준다. 아버지라면 누구나 자식에게 좋은 것이 무엇인지 잘 알고 있다. 돼먹지 못한 자식이라도 진정 모질게 대하지는 못한다. 속으로는 자식에게 필요한 것을 정확히 알고 있다. 아버지라면 빵 대신 돌을,

생선 대신 뱀을, 혹은 달걀 대신 전갈을 주지는 않을 것이다. 여기서 예수님은 인지상정을 말하고 있는 것이다. "아비가 마땅히 행하는 세 가지 행동의 예를 들으며 독자는 애틋한 감정을 느낀다"(Bovon II 155).

하느님은 우리의 선하신 아버지다. 그분은 우리에게 좋은 것이 무엇인지 잘 알고 계신다. 하느님은 우리를 실망시키시지 않을 것이다. 우리에게 해가 되는 것은 결코 주시지 않을 것이다. 그분은 우리를 온전히 해 주는 것을 선사하실 것이다. 아우구스티누스는 세 가지 선물을 상징적으로 해석했다. 빵은 사랑을, 생선은 믿음을, 그리고 달걀은 희망을 의미한다.

좋은 아버지는 아들에게 사랑의 빵 대신, 냉담과 거부의 돌을 주지 않는다. 아버지는 아들을 믿으며, 뱀으로 아들을 해치지 않는다. 또한 아들에게 희망을 불어넣으며, 분노나 자책의 전갈로 아들에게 독을 바르지도 않는다. 하느님은 우리에게 당신의 가장 좋은 선물, 곧 성령을 주시는 좋은 아버지다. 그분은 성령을 통해 당신 자신을 주시며, 또 그로써 우리 곁에 머무신다.

나쁜 아버지가 행여 돌이나 뱀, 전갈을 줘서 우리에게

상처를 입혔을 때, 성령이 그 상처를 아물게 해 준다. 루카에게 기도란, 아버지나 어머니로부터 받은 상처를 치유할 수 있는 자리다. 루카는 우리 아버지이신 하느님께 기도를 드린다는 것이 무엇을 뜻하는지 가르쳐 준다. 아버지는 우리를 좋게 대하실 것이다. 우리 삶에 필요한 것을, 믿음과 희망과 사랑을 주실 것이다. 아버지는 성령을 통해 우리 삶에 도움이 되는 것을 전부 다 주신다.

우리가 당신의 아들과 함께 기도하면 그분께서 성령을 주신다는 것은 루카 복음서와 마태오 복음서의 또 다른 차이점이다. 마태오 복음서에서 예수님은 하느님 율법의 해석자다. 그래서 마태오 복음서의 주님의 기도에서는 하느님의 뜻이 우리의 태도와 행동으로도 이루어지기를 청원한다. 우리가 산상 설교의 가르침을 실천하면 그분의 뜻이 이 땅에서도 이루어진다. 그분의 뜻이 우리 안에서, 또 우리를 통해 이루어진다.

그런데 루카의 신학은 다르다. 예수님은 부활한 뒤 우리에게 성령을 보낸다. 제자들은 성령에 힘입어 예수님이 보여 준 것과 같은 것을 할 수 있다. 스테파노는 예수님처럼 자신을 죽이는 자들을 용서한다. 베드로와 요한은 예수님

루카 복음서의 가르침 159

의 권능으로 불구자를 치유한다. 그리고 바오로는 예수님처럼 하느님을 온전히 믿고 따르며 자신에게 주어진 고난을 뚫고 나간다.

기도 중에 우리는 예수님의 영으로 가득 찬다. 이 영의 힘으로 우리는 예수님을 따르고, 병자를 치유하며, 우리에게 상처를 준 이들을 용서한다. 그리고 우리 앞에 놓인 온갖 난관을 헤쳐 나가며 끝내 하느님 영광 속에 들어간다. 우리는 세상의 풍파를 겪더라도 성령의 힘으로 버텨 낸다. 이로써 우리는 하느님이 본디 당신 자녀로서 만드신 모습, 우리의 본원적 모습, 순전한 모습을 향해 나아갈 뿐이다.

곤경으로부터의 기도

루카는 복음서 18장에서 두 가지 비유, 곧 과부와 불의한 재판관의 비유와 바리사이와 세리의 비유를 들며 바른 기도에 대한 가르침을 다시금 전한다.

11장에서 루카는 기도를 하느님 사랑의 실현으로 이해했다. 그래서 자신의 기도론을 마르타와 마리아에 대한 이야기 바로 다음에 펼쳤다. 마리아는 예수님의 발치에 앉아 묵상의 신비와 바른 기도법을 인정받았다. 우리는 기도 중에 이런 마리아가 된다. 18장에서는 예수님이 인간의 곤경을 염두에 둔다. 삶에서 갈등과 충돌을 겪을 때 우리는 하느님을 온전히 믿으며 기도를 드려야 한다. 모두가 나를 버려도 그분만은 내 편이 되어 주신다.

적대자에게 시달리던 과부가 법정에 호소한다. 하지만 헛일이다. 재판관은 하느님도 두려워하지 않고, 사람도 안중에 없다(루카 18,1-8 참조). 여기서 과부는 1세기 말에 위기에 처한 그리스도인 공동체를 상징한다. 대대적인 박해는 아직 없었지만 매운바람이 그리스도인들에게 불어오고 있었다. 당국은 그리스도인을 적대자의 공격으로부터 지켜 주지 않았다. 아니, 당국 자체가 그리스도인을 적대하곤 했다. 이런 상황에서 그리스도인 공동체는, 루카에 따르면 기도에서 피신처를 찾아야 했다. 그로써 그들은 삶의 권리를 깨달았다.

그래서 이 비유는 지금도 현실적이다. 오늘날도 이 세상에는 우리 그리스도인을 악의로 대하는 이들이 있다. 번번이 대중매체는 교회의 부정적 측면만 파헤치고 걸핏하면 교회를 공격한다. 이런 경우 끊임없이 자신을 변호해야 한다고 판단하는 대신, 교회는 기도 안에서 참된 정체성을 발견해야 한다. 그러면 이런저런 비난도 힘을 잃는다. 그리스도인의 정체성을 조금도 흔들어 놓지 못한다.

하지만 재판관에게 하소연하는 과부는 고립무원에 처한 인간의 전형으로도 이해할 수 있다. 그렇다면 이 과부는 적대자에게 시달리고 타인에게 해를 입지만 그에 맞서 자신을 지키지 못하는 인간을 상징한다. 남편을 잃은 이 여인은 '얼굴 가죽이 얇은'(외부의 영향에 상처받기 쉬운), 곧 주변 사람들의 감정에 무방비로 노출된 인간의 상징이다. 그들은 아무런 방패막이도 없는 처지다. 온갖 부정적인 것들이 주변에서 그들 속으로 침범해 들어온다.

이 두 번째 해석도 많은 이들에게 도움이 된다. 특히 타인에게 상처를 입거나 박해를 받는 이들에게 기도에서 피신처를 찾게 한다. 그들은 하느님 곁에서 삶의 권리를 알게 된다. 그리고 기도를 바치는 동안, 그분께서 머무시는 공간이 바로 자신 안에 있음을 깨닫는다. 그곳에서는 아무도 그들을 해칠 수 없다. 그곳에서 그들은 되살아난다.

이 비유의 또 다른 해석으로는 심리학자들이 말하는 '주관 단계'(Subjektstufe)의 해석이 있다. 우리가 꿈을 주관적 단계에서 해석하는 것처럼 이 비유도 같은 식으로 이해할 수 있다. 다시 말해 이 비유에 등장하는 모든 인물은 우리 내면에 있는 다양한 영역의 상징이다.

이 경우 과부는 영혼의, 즉 인간의 내밀한 영역의 상징이며 자신의 숭고한 존엄에 대한 예감의 상징이다. 적대자는 우리의 참된 삶을 방해하는 삶의 틀, 우리가 집착하는 자신의 결점, 삶에서 받은 상처를 상징한다. 하느님도 인간도 아랑곳하지 않는 재판관은 우리 자신을 위축되게 하며 우리 행복에는 무관심한 초자아, 곧 내면의 법정을 상징한다. 재판관에게 중요한 것은 오직 규범과 원칙뿐이다. 영혼은 그저 잠자코 있어야 하며, 지금의 처지에 만족해야 한다고 재판관은 말한다.

이 해석에 따르면 기도는 우리 영혼을 긍정해 준다. 기도는 우리의 불가침적 존엄성과 유일무이성을 우리 내면에서 알아채게 해 준다. 기도는 부정적인 삶의 틀과 초자아의 거센 외침을 잠재운다.

겉으로 보면 아무 힘도 없는 과부가 자신을 위해 투쟁한다. 과부는 재판관에게 쉼 없이 찾아가서 요구한다. "저와 저의 적대자 사이에 올바른 판결을 내려 주십시오"(루카 18,3). 재판관은 독백으로 답하는데, 이것은 그리스 희극의 전형적 표현 양식이다. "나는 하느님도 두려워하지 않고 사람도 대수롭지 않게 여기지만, 저 과부가 나를 이토록 귀찮게 하니 그에게는 올바른 판결을 내려 주어야겠다. 그렇게 하지 않으면 끝까지 찾아와서 나를 괴롭힐 것이다"(루카 18,5).

여기서 '괴롭히다'로 번역된 그리스어를 직역하면 '눈 밑을 때리다', '멍들게 때리다'이다(Heininger 202). 누군가 이 소리를 직접 듣는다면 힘 있는 재판관이 초라한 과부에게 겁을 먹고, 한방 맞을까 봐 두려워하는 모습에 웃음이 날 것이다. 재판관의 독백을 통해 루카는 겉으로는 무력해 보이는 수단을, 곧 기도를 신뢰하게 만든다. 기도는 눈에 보이는 권력자들보다 더 큰 능력을 가지고 있다. 우리는 기도를 바치며 자신의 권리를 인식한다. 우리에게는 삶을 살아갈 권리, 도움을 받을 권리, 존엄을 누릴 권리가 있다. 기도 중에 우리는 타인이 결코 우리를 멋대로 휘두를 수 없음을 깨닫는다.

과부는 영혼의 상징으로 여길 수도 있다. 우리 영혼은 우리를 억누르려 큰소리를 내는 초자아보다 더 큰 권리를 가지고 있다. 기도 중에 우리 영혼은 활짝 피어난다. 날개를 얻는다. 기도 중에 우리는 참된 자기에, 하느님께서 주신 본디 모습과 광채에 맞닿는다. 우리 영혼 안에 있는 이 모습은 이 세상에 의해 흐려지거나 부서지지 않는다.

기도의 위험성

한 여자(과부)에 대한 비유에 이어, 루카는 한 남자(세리)를 기도하는 사람의 본보기로 제시한다. 이것은 루카 특유의 방식이다. 루카는 남자만 아니라 여자의 입장에서도 이야기해야만, 아버지이며 또 어머니이신 하느님에 대한 우리의 관계를 올바로 말할 수 있다고 믿었다. 루카는 여자에게는 투쟁과 포기하지 않는 끈기를, 남자에게는 겸손을 강조한다. 루카는 남성의 영성과 여성의 영성이 가진 위험 요소를 잘 알고 있다. 여자는 쉽게 포기한다. 반면 남자는 기도를 과시의 도구로 사용한다. 남자는 세리에게 배워야 한다. 바리사이처럼 자신이 타인보다 잘났다고 느끼려고 기도를 해서는 안 된다. 그런 기도는 영성과 아무 관계가 없으며, 그저 경건해 보이는 자신에 도취된 꼴이다.

루카는 이 비유에서 두 가지 기도 방식을 보여 준다. 독선적인 바리사이의 기도와 자신을 낮추는 세리의 기도다. 두 사람의 기도 방식은 근본적으로 다르다. 바리사이는 기도 준비가 간단하다. 곧바로 꼿꼿이 서서 기도를 시작한다. 바리사이는 기도를 한다지만, 실은 오직 자신에 대해

서만 읊어 댄다. 자신을 하느님께 자랑하는 데만 기도를 이용한다. 그에게 중요한 것은 하느님이 아니라, 자신의 의로움이다. 하지만 세리는 멀찍이 서서 하늘을 볼 엄두도 내지 못하고 제 가슴만 친다. 이를테면 제 몸으로 기도를 한다.

바리사이는 "혼잣말로 기도했다". 이 말의 그리스어 원문을 직역하면 "자신을 향해 기도했다"이다. 바리사이는 "오, 하느님! 제가 다른 사람들 … 같지 않으니, 하느님께 감사드립니다"(루카 18,11)라고 말하지만, 실은 긴 독백으로 하느님께 설교하려 들었다. 바리사이에게는 자신이 그분을 섬기는 게 아니라, 그분이 자신을 위해, 자신의 자기 가치 확인과 자화자찬을 위해 있어야 했다. 이런 기도자는 하느님을 우러르지 않고, 그저 자기 자신만 바라본다.

이와 달리 세리는 자신과 하느님의 거리를 알아챈다. 세리는 그분을 감히 올려다보지도 못한다. 그분께 자신의 실상을 내보여야 한다는 것을 알고 있기 때문이다. 그리고 그분 앞에서 자신이 진실로 누구인지 깨닫는다. 세리는 그분과 자신을 그저 외면하며 살아왔음을 자각한다. 그래서 제 가슴을 친다. 이것은 회개의 마음가짐을 나타낸다. "오,

하느님! 이 죄인을 불쌍히 여겨 주십시오"(루카 18,13). 세리는 지금껏 살아오며 저지른 부정을 죄다 갚을 수는 없음을 잘 안다. 때문에 하느님의 은총과 자비에 자신을 맡긴다.

이제 예수님은 두 가지 기도 방식을 직접 판정한다. 의롭게 되어 집으로 돌아간 것은 세리다. 세리는 하느님 앞에서 자신의 실상을 깨달았고, 그것을 한탄하며 하느님께 내보였다. 반면 바리사이는 그저 자기과시를 위해 하느님을 이용했다. 자신을 있는 그대로 내보이는 기도만이 우리를 하느님께 향하게 하며 또 의롭게 만들 것이다.

그런 다음 예수님은 그리스도인의 기도 원칙을 명시한다. "누구든지 자신을 높이는 이는 낮아지고, 자신을 낮추는 이는 높아질 것이다"(루카 18,14). 자신을 타인보다 우월하게 여기려고 기도를 이용해 먹는 사람은, 필연적으로 자신의 어두운 면모와 맞닥뜨린다. 내면의 나락으로 추락하여, 거기서 제 영혼의 온갖 더럽고 고약한 것을 목격하게 된다.

하지만 하느님 앞에서 용기 있게 자신의 불완전한 면모를 직면하는 사람은, 곧 자신의 실상을 마주하는 사람은 기도를 통해 그분께 위로를 받는다. 그분에 의해 바로 선다. 그분의 아들딸로서 의롭게 되어 집으로 돌아간다.

루카는 바리사이와 세리에 관한 예수님의 말씀을, 곧바로 이어지는 어린이들에 대한 그분의 축복 이야기를 통해 해석한다. 이 장면에서 제자들은 그 바리사이와 닮아 있다. 제자들은 아이들을 예수님에게 데려온 사람들을 거친 말로 물리친다. 하지만 예수님이 말한다. "어린이들이 나에게 오는 것을 막지 말고 그냥 놓아두어라. 사실 하느님의 나라는 이 어린이들과 같은 사람들의 것이다. 내가 진실로 너희에게 말한다. 어린이와 같이 하느님의 나라를 받아들이지 않는 자는 결코 그곳에 들어가지 못한다"(루카 18,16-17).

기도란, 세리처럼 우리가 하느님께 의지하고 있음을 고백할 때만 참으로 이루어질 수 있다. 어린이는 자기가 도움이 필요하다는 것을 본능적으로 안다. 어린이는 하느님 나라를 자신을 위해 이용하지 않는다. 또한 어린이는 자신의 무력함과 모자람을 잘 알고 있다. 우리는 어린이처럼 온전히 신뢰하며 아버지께 기도해야 한다. 그러면 우리는 하느님 나라를 체험하고, 또 이로써 그분께서 우리 안에서 다스리실 것이다.

공동체의 기도

루카에게 기도는 예수님 마음에 뿌리를 내리는 왕도다. 동시에 기도는 그리스도인이 부활의 신비를 체험할 수 있는 현장이기도 하다. 기도 안에서 그리스도인은 하느님께서 자신을 위로하고, 바로 세우며, 속박에서 풀어 주심을 깨달을 수 있다.

이것을 루카는 사도행전에서 전하는데, 거기서 기도에 관해 스물다섯 차례 언급한다. 루카는 원공동체를 기도하는 공동체로 묘사한다. 원공동체는 자신의 근원적 정체성을 기도 안에서 발견한다. 이제부터는 사도행전에서 눈에 띄는 기도의 여덟 측면을 밝혀 보자.

1 그리스도인 공동체는 기도 안에서 참된 바탕을 체험한다

루카는 그리스도인 공동체를 늘 기도하는 공동체로 묘사한다. 예수님의 승천 이후, 공동체는 한마음으로 기도에 전념하며 성령강림을 기다렸다(사도 1,14 참조). 성령강림 후의 첫 그리스도인에 관해서는 이렇게 전한다. "그들은 날마다 한마음으로 성전에 열심히 모이고 이 집 저 집에서 빵을 떼어 나누었으며, 즐겁고 순박한 마음으로 음식을 함께 먹고, 하느님을 찬미하며 온 백성에게서 호감을 얻었다"(사도 2,46-47).

외부의 온갖 박해와 내부의 여러 갈등에도 불구하고 공동체는 기도 안에서 의지처와 피신처를 발견했다. 그들은 예수님이 자신들 가운데 있음을, 또 자신들이 하느님에 의해 지탱되고 있음을 알았다. 그렇게 그들은 하느님 나라가 이미 왔음을 깨달았다. 젊든 늙든, 가난하든 부유하든, 유다인이든 그리스인이든, 남자든 여자든 모두가 기도 안에서 한마음으로 묶였다. 기도는 모든 경계를 넘어, 친교와 결속을 이루어 냈다.

2 다른 사람들을 위한 탄원 기도

제자들은 봉사를 위해 사람들을 파견할 때 언제나 기도했다. 사도들은 봉사자들이 자신의 소임을 충실히 수행할 수 있도록 그들을 위해 기도하고 안수했다(사도 6,6 참조). 그리고 바오로와 바르나바를 다른 공동체에 파견하기 전에도 그들을 위해 기도했다(사도 13,3 참조). 베드로와 요한은 사마리아에 사는 그리스도인들이 성령을 받도록 기도했다

(사도 8,15 참조). 그리고 제자들은 사람들이 아프거나 곤경에 처했을 때도 기도했다. 불구자를 치유하고(사도 3,1-8 참조) 죽은 타비타를 소생시킬 능력을 제자들은 기도에서 얻었다(사도 9,40 참조). 베드로가 감옥에 갇히자 공동체가 그를 위해 기도했다(사도 12,5 참조). 그러자 하느님께서 천사를 보내 베드로를 풀어 주셨다.

루카가 거듭 말하지만, 우리는 다른 이들을 위해 기도해야 한다. 그러나 다른 이들을 위한 기도가 우리가 직접 해야 할 행동을 대체할 수는 없다. 오히려 기도는 우리의 행동을 강화하고 축복한다.

치유는 늘 기적이다. 의사나 치료자가 치유 활동을 할 때 우리는 기도로 도움을 줄 수 있다. 그러면 타인에 대한 신뢰와 기대가 우리에게 자라난다. 기도는 타인에 대한 사랑의 표현이며, 결속의 표시이다. 또한 기도 안에서 우리는 하느님을 거듭 체험한다. 지금도 그분은 우리 안에서 활동하시며, 상처를 치유하고 우리를 속박에서 풀어 주며 감옥에서 꺼내 주신다. 기도는 그렇게 우리를 굳건하게 하여 타인을 위한 봉사에 헌신하게 한다.

3 이별 속에서도 결속을 체험하는 기도

루카는 바오로가 에페소와 밀레토스의 공동체와 작별하는 장면을 감동적으로 그린다. "바오로는 이렇게 말하고 나서 무릎을 꿇고 그들과 함께 기도하였다. 그들은 모두 흐느껴 울면서 바오로의 목을 껴안고 입을 맞추었다"(사도 20,36-37).

그들은 기도 안에서 바오로와 작별했다. 그런데 또 기도 안에서 그들은 앞으로도 바오로와 결속되어 있을 것을 깨달았다. 이것은 우리에게도 아름다운 장면이다. 많은 사람이 이별을 힘들어한다. 그들은 자기가 혼자라고 느낀다. 그럴 때는 기도가 멀리 떨어져 있는 배우자, 자녀들, 친구들과의 결속감을 느끼는 공간이 될 수 있다.

일 때문에 가족과 일주일을 떨어져 지내야 했던 한 경영자가 내게 말하기를, 가족을 위해 기도를 바치자 자신과 가족의 깊은 결속감을 느끼게 되었다고 했다. 기도는 사별한 사람과의 결속감을 느끼는 공간이기도 하다. 우리는 주님의 기도를 바칠 때 이제는 세상을 떠난 그들도 늘 이 기도를 바쳤음을 기억한다. 그들도 이 기도 말씀으로 자신의 믿음과 갈망을 표현했다. 기도 중에 우리는, 이제는 하늘에서 '지켜보고 있을' 그들과 이 기도를 함께 외며 서로 결속되어 있음을 느낀다.

4 종교를 넘어선 결속을 체험하는 기도

루카는 그리스도인의 기도만 아니라, 이방인의 기도에 관해서도 이야기한다. 로마군 백인대장 코르넬리우스는 이방인이지만 하느님을 경외하며 살았다. 그는 "늘 하느님께 기도하였다"(사도 10,2). 그가 하느님께 기도할 때 베드로도 옥상에 올라가 기도했다(사도 10,9 참조). 베드로는 환시 중에 자신이 이방인들에게 가야 한다는 것을 알게 되었다. 이후 코르넬리우스가 보낸 이들이 찾아와 함께 갈 것을 청하자 기꺼이 따라갔다. 기도를 통해 베드로는 모든 사람과, 곧 이방인과도 결속을 느끼게 되었다.

지난날 바오로는 그리스도인을 박해했다. 기도 중에 하나니아스는 자신이 바오로에게 가야 한다는 것을 깨달았다. 하나니아스는 그 적대자에게 가는 것이 못마땅했다. 하지만 주님께서 그에게 바오로에 관해 말씀하셨다. "지금 사울은 기도하고 있다"(사도 9,11). 기도는 사람들을 서로 묶어 준다. 친구와 적을, 서로 다른 교파와 종교에 속한 사람들을 결속시켜 준다. 기도는 모든 차이를 넘어 친교를 이루어 낸다. 기도는 우리가 가장 참된 의미에서의 '일치'(Ökumene)를 체험하는 자리다. 온 세상의 모든 차이를 넘어선 친교와 결속을 경험하는 것이다. 기도를 통해 적대 관계가 극복된다. 우리가 예수님의 영으로 기도할수록 사람 사이의 장벽, 종교 사이의 장벽은 그만큼 더 사라진다.

5 정해진 시간에 바치는 기도

루카에 따르면 예수님의 제자들은 유다인의 시간 전례에 맞춰 성전으로 올라가서 기도했다(참조: 사도 3,1; 10,9). 초기 그리스도인은 유다인의 시간 전례를 그대로 따랐다. 초기 그리스도교의 기도 규범인 『디다케』는 주님의 기도를 매일 세 번 바치라고 지도한다. 수도승들이 이 시간 전례를 넘겨받았다. 누르시아의 베네딕도는 하루 일곱 번의 기도 시간을 정해 두었는데, 이때가 수도승들에게는 점점 더 변화하고 예수님의 영으로 충만해지는 거룩한 시간이었다. 이런 시간 전례가 수도승들에게는 자신들의 시간이 하느님께 속해 있으며, 모든 시간이 곧 거룩한 시간이라는 표현이기도 했다.

또한 시간 전례는 바오로가 "끊임없이 기도하십시오"(1테살 5,17)라고 말한 것처럼, 결국은 우리가 부단히 기도해야 한다는 것을 일깨운다. 정해진 시간에 기도함으로써, 적어도 우리는 어떤 날도 기도 없이 보내지는 않게 된다. 그날그날이 기도로써 거룩해진다. 그리고 정해진 시간마다 기도를 바치면 시간 전체가 변화한다. 우리를 위한 거룩한 시간, 평안한 시간, 은총의 시간으로 변화한다. 우리는 더 이상 시간을 '크로노스'*chronos*로, 곧 우리를 소진시키는 시간으로 체험하지 않는다. 오히려 '카이로스'*kairos*로, 하느님께서 주신 시간으로, 온전히 우리 자신이 되는 시간으로 체험한다.

6 기도는 세상을 움직이게 한다

루카는 그리스도인 공동체가 기도를 바치자 그 자리가 흔들렸다고 전한다. "이렇게 기도를 마치자 그들이 모여 있는 곳이 흔들리면서 모두 성령으로 가득 차, 하느님 말씀을 담대히 전하였다"(사도 4,31). 그리고 바오로와 실라스가 감옥에 갇혔을 때 한밤에 기도를 올리자 지진이 일어나기도 했다. 감옥의 문이 죄다 열리고 사슬이 다 풀렸다. 두 사람의 기도로 감옥의 기초가 뒤흔들린 것이다(사도 16,25-26 참조). 기도는 늘 무언가를 움직인다. 기도는 지금 이 자리를 흔들어 놓는다.

기도가 소용없다고 생각하는 그리스도인이 많다. 그들은 교회에서 탄원 기도를 바치고는, 때때로 그것을 자신의 무력함에 대한 증거로 삼는다. 이 세상은 기도를 바치는 그리스도인이 아니라, 다른 이들에 의해 규정된다는 것이다. 그러나 루카는 정반대의 증거를 제시한다. 기도를 하면 변화가 일어난다. 이 변화를 대개는 잘 알아챌 수 없어도 우리는 믿어야 한다.

교회는 많은 사람이 기도를 바치는 공간이다. 그 안에 들어가면 우리는 평온해지는 분위기, 온전해지는 분위기를 느낀다. 민감한 이들은 치유를 체험하기도 한다. 그들은 교회를 능력의 장소로 맛보는데, 거기서 자신이 안전히 보호되고, 새로운 힘으로 가득 채워지는 것을 느낀다.

함께 기도를 바치면 이 기도가 교회의 담을 넘어 세상 속으로 들어간다는 것을 우리는 믿어야 한다. 우리가 모여 기도하면 이 기도가 온 세상에 닿아 우리 주변이 더 밝고 따뜻해진다. 우리가 만든 이 기운은 점점 확산된다. 사람들의 생각과 감정의 영역이 변화한다. 기도는 이 세상을 흔들어 놓는다. 그러면 세상은 전과 같은 세상으로 머물러 있지 않는다.

7 예수님 제자들의 근본 사명

그리스도인 공동체가 점점 더 커지고 그리스계와 히브리계 사이에 갈등이 생기자 사도들은 봉사자들을 뽑기로 결정한다. 그 이유를 사도들은 이렇게 밝힌다. "우리는 기도와 말씀 봉사에만 전념하겠습니다"(사도 6,4).

사도들은 자신들의 근본 사명이 기도와 말씀 봉사라고 판단한다. 이 둘은 서로 긴밀히 결부되어 있다. 하느님이 우리에게 말씀하시는 바를 기도 중에 진정으로 깨달아야, 비로소 우리는 그분 말씀에 봉사할 수 있다. 기도를 통해 하느님 말씀의 속 깊은 의미에 젖어 들어야, 비로소 그분 말씀을 올바로 선포할 수 있다. 기도는 고요 속에서 하느님의 영에 우리 자신을 여는 관상의 자리다. 또 기도는 하느님의 깊은 음성에 귀 기울이는 현장이다.

그러니 타인을 위해 사회적으로 제아무리 열심히 투신한다 해도, 교회 전체와 그리스도인 각자는 기도 안에서 신앙의 바탕을 확인해야 한다. 이것을 결코 잊어서는 안 된다. 복음사가 루카에게 기도는 그리스도인의 삶에서 결정적인 것이다. 그리스도인은 외적 활동으로 소진되어서는 안 된다. 끊임없이 자신의 바탕을 떠올려야 한다. 기도 안에서 하느님의 신비와 예수 그리스도를 통한 구원의 신비를 향해 자신을 활짝 열어야 한다.

교회 공동체만 공동 기도 안에서 정체성을 발견하는 것은 아니다. 개개 그리스도인 또한 기도 안에서 그리스도인으로서의 실존의 신비를 체험한다. 루카에게 예수님의 제자라는 것은 늘 기도한다는 뜻, 기도 안에서 자신을 하느님께 열며 예수 그리스도와 하나가 된다는 뜻이다.

마태오와 루카는 주님의 기도를 그리스도인의 중심 기도로서 전해 주었다. 여기서 우리 그리스도인은 우리 정체성과 사명을 거듭 확인해야 하다. 이 기도는 우리가 누구인지, 우리가 예수 그리스도를 통해 어떤 사람이 되었는지, 예수님의 말씀에 어떤 신비가 담겨 있는지 가르쳐 준다. 그리고 예수님이 우리에게서 이루었고, 또 기도를 통해 계속해서 이루고자 하는 구원의 신비가 무엇인지 가르쳐 준다.

8 하느님 찬양

제자들의 기도는 늘 하느님에 대한 찬양이다(참조: 사도 2,47; 10,46). 감옥에서 바오로와 실라스는 풀려나기를 기도하지 않는다. 오히려 하느님을 찬양한다. 우리는 기도를 바치며 하느님께 경외심을 표현한다. 중요한 것은 하느님의 영광, 하느님의 거룩한 이름, 이 땅에서도 빛나야 할 하느님의 나라다. 하느님을 찬양한다는 것은 자신을 잊고 우리의 창조주이신 그분만 온전히 우러른다는 뜻이다.

하느님이 창조주시라는 것을, 우리가 그분의 피조물이라는 것을 아는 사람은 그분을 찬양할 수밖에 없다. 그리스도교 전통은 이 사실에 다시금 주목했다. 그래서 마태오 복음서의 후대 사본에는 주님의 기도 뒤에 찬양이 추가되어 있다. "아버지께 나라와 권능과 영광이 영원히 있나이다. 아멘."

이 찬양은 예수님의 말씀이 아니라, 다윗 왕의 감사 기도에서 나온 것이지만, 그럼에도 기도의 어떤 본질을 드러내고 있다(1역대 29,10-11 참조). 우리의 기도는 늘 하느님을 향한 찬양이다. 우리는 기도 중에 모든 청원을 드려도 되지만, 가령 우리를 곤경에서 구하시고 상처를 낫게 해 달라고 바랄 수 있지만, 어떤 기도든 하느님을 향한 찬양으로 이어져야 한다.

하느님을 찬양할 때, 우리는 청원이 이미 이루어졌음을 믿는다. 주님의 기도의 청원에 대해 우리는 이렇게 응답하고 있다. "아버지께 나라와 권능과 영광이 영원히 있나이다. 아멘." 우리는 우리가 고대하는 하느님의 나라가 이미 와 있음을 믿는다. 그분께서 당신의 권능, '능력'(*dynamis*), 활동을 이 세상에 흘러들게 하신다는 것, 언뜻 당신과는 멀어 보이는 것 뒤에도 그분은 이미 가까이 와 계시며 치유하신다는 것, 만물의 심연에서 그분은 활동한다는 것, 그로써 이 세상을 점점 더 당신의 영으로 채우신다는 것을 우리는 믿는다.

또한 기도 중에 우리는 하느님의 영광을 우러러본다. 그분의 영광은 이미 여기에, 이를테면 자연과 아름다운 예술 안에 있으며, 또한 인간의 얼굴을 통해서도 그 빛을 발한다. 우리는 하느님을 찬양하며 우리의 믿음을 표현한다. 그분이 이 세상의 주님이시라는 것, 이 세상은 아버지이자 어머니이신 그분의 품에 안겨 있다는 것, 그리고 이 사실은 영원하다는 것이 바로 우리의 믿음이다.

삶의 온갖 풍파 속에서 기도를 바칠 때, 우리는 이미 청원의 완성에 참여하고 있는 것이다. 이 완성은 언젠가 저 하늘에서, 조금도 가려지지 않은 그분의 온전한 광채 속에 우리에게 선사될 것이다.

주님의 기도에 따라 살기

주님의 기도에 관한 글을 수없이 더 읽는다 해도, 결코 우리는 이 기도의 신비를 고스란히 포착하지는 못할 것이다. 예수님은 주님의 기도의 말씀을 통해 당신의 정신과 영을 우리에게 선사했다. 그분은 우리로 하여금 당신의 기도에, 당신과 당신 아버지의 친교에 참여하게 한다. 또한 하느님의 나라가 오게 하고, 우리를 참된 인간으로 만들려는 당신의 열망에 동참하게 한다.

우리는 예수님의 이 말씀을 따라 기도함으로써 예수님 그분에게 더 가까이 나아간다. 그분의 복음에, 그분의 인격에, 아버지를 향한 그분의 사랑에, 아버지와 그분의 결속에 조금 더 다가간다. 또한 하느님은 악보다 강하시다는 확신에, 지금 여기에 벌써 와 있는 하느님의 나라에서는 우리가 참되다는 믿음에 점점 더 나아간다. 더불어 우리는 예수님의 말씀을 따라 외는 가운데, 하느님의 나라가 영원히 오기를 바라는 그분의 갈망에 참여한다. 그분의 나라에서는 유혹도 악도 더는 없으며, 우리는 자유와 존엄, 사랑과 정의를 누리며 살아간다.

지금까지 주님의 기도에 대해 많은 글을 썼지만, 나는 아직도 이 기도의 풍요로움을 온전히 포착하지 못했다. 내 삶이 끝날 때까지 이 기도의 신비를 찾고 구하는 일은 결코 끝나지 않을 것이다. 나이가 들어 갈수록 나는 이 기도문에 담긴 말씀의 힘을 그만큼 더 분명히 느끼며, 말씀 속에 드러난 예수님의 사랑도 더 분명히 깨닫게 된다.

주님의 기도를 바침으로써 나는 예수님의 사랑에 참여한다. 예수님과 아버지 하느님의 깊디깊은 결속을 깨닫는다. 때로는 하느님이 나와 멀리 계신 것만 같을 때, 예수님의 이 말씀은 그분께서 아버지와 어머니처럼 내 곁에 계심을 일깨운다. 주님의 기도 속 말씀이 낯설게 느껴질 때면, 나는 같은 기도를 바쳤던 예수님의 모습을 마음에 그려 본다. 그러면 나는 예수님과 아버지 하느님의 관계 속으로 잠겨 든다.

더불어 나는 예수님이 당신 아버지와의 관계를 갖가지 상황 속에서 번번이 달리 체험했음을 떠올린다. 한밤에 산에서 홀로 기도하는 외로움 속에서, 올리브 산에서 당신 아버지와 씨름하는 어둠의 시간 속에서, 그리고 버림받았다는 판단("저의 하느님, 저의 하느님, 어찌하여 저를 버리셨습니까?")과 죽음에 이르면 아버지의 품 안에 안기리라는 확신("아버지, 제 영을 아버지 손에 맡깁니다.") 사이에서 갈등하던 십자가 죽음의 순간 속에서 예수님은 당신 아버지와의 관계를 체험했다.

주님의 기도에 대한 해설은 모두 불완전할 수밖에 없다. 이 기도의 말씀을 아무리 성찰해 봐도 결국 남는 것은 이 기도의 신비에 대한 경탄뿐이다. 그래서 나는 우리에 앞서 주님의 기도를 찬미한 위대한 기도자들을 인용하며 이 책을 끝맺으려 한다. 아빌라의 데레사는 말했다. "그 얼마나 숭고한 완전함이 이 기도 안에 담겨 있는지요! 이 기도를 지은 분의 거룩한 지혜를 이 안에서 얼마나 깊이 깨닫는지요! 이 기도에 대해 우리가 얼마나 감사해야 하는지요! 이 기도는 내가 찬탄할 수밖에 없게 만드니, 어쩜 이렇게 겨우 몇 마디 말씀 안에 온전함과 관상에 필요한 모든 것이

담겨 있는지요!"(Bader 101에서 재인용).

마르틴 루터는 주님의 기도에 관해 다음과 같이 기록했다. "이 기도는 우리 주님에게서 유래하기에 분명히 가장 높고 가장 귀하며 가장 좋은 기도라 하겠다. 과연 주님께서 더 좋은 기도를 알고 계셨다면, 정직하고 신실한 스승께서는 그 기도를 우리에게도 가르쳐 주셨으리라"(Bader 102에서 재인용).

자신이 주님의 기도에 젖어 들지 못한다고 느끼는 그리스도인이 많다. 곧잘 우리는 마음을 충분히 모으지 못한다. 그러면 우리가 기도를 바쳐도 그 말씀이 공허할 뿐이다. 그럼에도 우리는 믿어도 좋다. 기도 말씀은 우리 안에 무언가를 꼭 일으켜 놓는다. 프랑스 신비가 시몬 베유는 이렇게 썼다. "주님의 기도를 바치면서 한 말씀 한 말씀에 온전히 주의를 기울인다면 영혼 안에서 아주 작더라도 분명한 변화가 일어나지 않기란 불가능합니다"(Bader 107에서 재인용). 토마스 아퀴나스도 주님의 기도가 우리의 온 마음을 가다듬어 변화를 일으킨다는 것을 확신했다.

주님의 기도를 날마다 바치는 이들이 있다. 그들은 하나같이 이 기도가 무궁무진하다고 느낀다. 우리는 이 기도 안에서 하느님의 지혜와 사랑의 보화를 새롭게 만난다. 여기서 마티아스 클라우디우스는 기도자의 본보기로 꼽을 만하다. 클라우디우스는 말했다. "주님의 기도를 오랜 세월 바칠수록 그 사람은 자신이 이 기도를 얼마나 조금밖에 이해하고 있지 못한지를 그만큼 더 깨닫게 되며, 또한 미지의 보화에 대한 실마리를 찾으려 할 때 이 기도를 조금이나마 성찰하고 이해한 것이 얼마나 소중한지를 그만큼 더 깨닫게 된다"(Bader 104에서 재인용).

주님의 기도를 성찰하고 묵상하며 알게 된 것들을 나는 여기서 이야기했다. 독자 여러분에게 도움이 되기를 바랄 뿐이다. 나는 여러분이 이 기도를 바침으로써 예수님의 정신과 영에, 또 예수님과 하느님의 친교에 더 깊이 뿌리내리기를 소망한다. 그때는 참된 삶을 발견할 것이다. 나는 여러분이 주님의 기도를 바칠 때마다 새로운 보화를 찾아내기를, 나아가 이 기도의 신비를 점점 더 찬미하며 하느님 나라의 권능과 영광을 '목격하기'를 기원한다.

참고문헌

Wolfgang BADER (Hg.), *Vater unser. Stimmen und Variationen zum Gebet des Herrn*, München 1999.

Josef BLANK, Art. Herrschaft Gottes, in: Christian SCHÜTZ (Hg.), *Lexikon der christlichen Spiritualität*, Freiburg im Breisgau 1988, 617-619.

Leonardo BOFF, *Vater unser. Das Gebet umfassender Befreiung*, Düsseldorf 1984.

François BOVON, *Das Evangelium nach Lukas*, 2. Teilband, Zürich 1966.

Joachim GNILKA, *Das Matthäusevangelium* I und II, Freiburg im Breisgau 1986 und 1988.

Anselm GRÜN, *Jesus – Lehrer des Heils. Das Evangelium des Matthäus*, Stuttgart 2002.

Walter GRUNDMANN, *Das Evangelium nach Matthäus*, Berlin 1968.

Bernhard HEININGER, *Metaphorik, Erzählstruktur und szenisch-dramatische Gestaltung in den Sondergutgleichnissen bei Lukas*, Münster 1991.

Meinrad LIMBECK, *Matthäus-Evangelium*, Stuttgart 1986.

Ulrich LUZ, *Evangelium nach Matthäus*, Zürich-Neukirchen 1985~1995.

Rudorf SCHNACHENBURG, *Matthäusevangelium*, Würzburg 1985.

Heinz SCHÜRMANN, *Das Gebet des Herrn*, Freiburg im Breigau 1981.

Jörg SPLETT, Art. Person, in: Christian SCHÜTZ (Hg.), *Lexikon der christlichen Spiritualität*, Freiburg im Breisgau 1988, 981-984.

Hermann-Josef VENETZ, *Das Vaterunser. Gebet einer bedrängten Schöpfung*, Fribourg 1989.